KB234107

thread

취향, 인류, 전쟁

취향, 인류, 전쟁

판권

《스레드》는 북저널리즘이 만드는 종이 뉴스 잡지다.
북저널리즘은 2017년 서울에서 출판물로 시작해 디지털,
정기 구독, 커뮤니티, 오프라인으로 미디어 경험을
확장하고 있다. 《스레드》 24호는 2024년 6월 5일 발행됐다.
이연대, 신아람, 김혜림이 쓰고 편집했다. 들어가며,
마치며는 신아람이 썼다. 표지 사진은 1939년 미국 뉴욕의
에스프레소 바에서 컬럼비아대학교에 다니는 이탈리아
학생들이 커피를 마시는 모습이다. 출처는 Underwood
Archives, Getty Images이다. 이 책의 발행처는 주식회사
스리체어스(threechairs)이고, 등록번호는 서울중,
라00778이다. 주소는 서울시 중구 퇴계로2길 9-3 B1,
이메일은 thread@bookjournalism.com, 웹사이트는
bookjournalism.com이다. 이 책에 수록된 글과 그림을
이용하려면 반드시 저작권자와 ㈜스리체어스의 동의를
받아야 한다.

《스레드》는 국제 정세, 기후 위기, 정책, 문화, 정치적 극단주의, 인공지능 등 지금 무슨 일이 일어나고 있는지에 대한 맥락을 해설합니다.

목차

어느새 우리는 쉬이 잊었지만 지금 지구는 두 개의 커다란 전쟁을 치르고 있다. 한국과는 아주 멀리 떨어진 곳에서 벌어지고 있는 일 같지만, 사실 그렇지 않다. 전쟁은 치솟는 물가의 모습으로, 매년 오르는 국방비의 모습으로, 병역 문제를 둘러싼 젠더 간 갈등이라는 모습으로 항상 우리 곁에 있다. 삶을 부수고 생명을 앗아가는 그 본질만으로도 끔찍하지만, 전쟁은 어떤 방식으로든 모두의 일상에 불쾌한 진동을 남긴다. 이번 《스레드》에서는 그 과정과 방식을 설명하는 내용을 다뤘다. 미국의 정치가, 한국의 국방비가, 청년의 미래가 어떻게 흔들리고 있는지를 그린다. 물론, 시작은 전쟁보다는 조금 덜 우울한 이야기다. 우리를 매혹하고 중독시키는 맛과 향에 관한 이야기로 《스레드》 24호의 문을 연다.

익스플레인드

우리에겐 ‘해설(explained)’이 필요하다. 세상에 정보는
너무 많고 맥락은 너무 적다. 똑똑한 사람들이 정말 중요한
이슈를 따라잡기가 점점 어려워지고 있다. 그래서 《스레드》는
세계를 해설한다. 복잡하고 경이로우며 빠르게 변화하는
세상을 이해하는 데 필요한 통찰을 제공한다. 지금 무슨 일이
벌어지고 있는지 알리는 데 그치지 않고 그 일이 일어난
이유와 맥락, 의미를 전한다.

바나나, 두리안, 커피

두리안이 뜨자 커피 가격이 오르고 있다. '과일의 왕'으로
불리는 두리안이 중국에서 큰 인기를 끌면서 베트남의
커피 농장들이 두리안 재배 쪽으로 업종을 변경하고 있기
때문이다. 베트남 커피 농가가 주로 생산하는 로부스타
커피는 지난 4월 말 런던 선물 거래소에서 톤당 4500달러를
돌파하며 최고가를 경신했다. 신아람이 썼다.

WHY NOW

두리안이 만들어 낸 도미노가 커피 가격을 위협한다.
의외라서 더 눈길이 가는 연쇄 작용이다. 그러나 전혀 달라
보이는, 상관없어 보이는 두 식품은 같은 비극을 품고 있으며
비슷한 위기를 겪고 있다. 모두, 우리가 해결해야 할 숙제다.

1939년 미국 뉴욕의 에스프레소 바에서 컬럼비아대학교 학생들이 커피를
즐기고 있다. 사진: Underwood Archives, Getty Images

RCEP과 두리안

중국인들은 원래 두리안을 사랑했다. 부자들이 먹는 과일,
품위 있는 선물이라는 인식이 퍼지면서다. 비싼 체리를

고민 없이 살 수 있다는 뜻으로, 중국에서 경제적 자유를
상징했던 '체리 프리덤(cherry freedom)'이라는 말이
이제는 '두리안 프리덤'으로 대체되는 분위기다. 중국에서는
두리안이 나지 않는다. 그래서 대도시 중심으로 한정적으로
소비돼 왔다. 그런데 두리안 수요는 이제 중소 도시 곳곳으로
퍼졌다. 역내포괄적경제동반자협정(RCEP) 덕이다. 중국과
동남아시아국가연합(ASEAN) 10개 회원국 간에 관세 장벽이
낮아지고 세관 절차도 간소화된 것이다. 아세안 국가에서
재배되는 두리안이 중국으로 쉽게 들어가게 됐다는 얘기다.

우루과이 라운드와 바나나

우리나라도 비슷한 경험이 있다. 바나나다. 우루과이
라운드 무역 협정으로 인해 1991년 바나나 수입 제한이
풀리면서 공급이 폭증했고 가격은 내려갔다. 이전까지는
고급 과일이었던 바나나를 자주 먹을 수 있게 되자 수요는
오히려 치솟았다. 우리나라만의 이야기가 아니다. 전 세계가
바나나 맛을 알게 된 이후 그 수요를 떠받쳐 온 것이 필리핀의
플랜테이션 농업이다. 옥수수와 쌀 등 주민들의 식량을
생산하던 곳을 밀어 버리고 다국적 기업이 진출하여 바나나

나무를 심었다. 주민들의 저렴한 노동력으로 생산한 바나나를
전 세계가 사 먹는다.

호랑이를 몰아내는 힘

두리안도 마찬가지다. 물론 바나나보다는 고가에 호불호도
갈려 시장은 중국으로 집중된다. 하지만 아세안 국가
입장에서 중국은 엄청난 시장이다. 게다가 아직 중국에서
두리안을 맛본 인구의 비중은 5퍼센트가 되지 않는다.
무궁무진한 잠재 수요가 있다는 뜻이다. 상황이 이렇다 보니
두리안 최대 생산국인 태국에서는 다른 나무를 베어 내고
그 자리에 훨씬 이익이 되는 두리안 나무를 심는 현상이
발생하고 있다. 말레이시아에서도 무분별하게 두리안
재배지를 확대하면서 말레이시아 호랑이가 서식하고 있는
숲까지 두리안 농장으로 탈바꿈했다. 말레이시아 호랑이는
'중대한 멸종 위기종'이다.

침묵의 살인자

그런데 태국이 올해 폭염과 가뭄으로 두리안 농사를 망쳤다.

동남아시아 전역을 덮친 엘니뇨 현상 때문이다. 여름은
아직 오지도 않았는데 섭씨 40도를 오르내리는 폭염으로
태국에서만 50여 명이 숨졌다. 세계기상기구는 이번 폭염을
'침묵의 살인자'라 정의했다. 폭염 그 자체로도 위협적이지만,
가뭄까지 겹치며 심각한 경제난으로 이어질 수 있다는
것이다. 실제로 이 침묵의 살인자 때문에 중국인이 소비하는
두리안의 90퍼센트를 책임졌던 태국산 상품이 품귀 현상을
빚었다. 베트남과 같은 다른 국가에서 두리안 재배에 더 열을
올릴 수밖에 없다. 더 많은 커피 농장이 두리안 나무를 심는다.
재배 면적이 줄었는데 기후 재난까지 겹쳐 커피 수확이 더
줄어든다. 원두 가격이 치솟을 수밖에 없다.

       생산자와 소비자 사이의 거리

바나나와 두리안, 커피는 공통점이 있다. 2020년
유엔식량농업기구 데이터 기준으로 커피콩 생산 상위
10개국을 살펴보면 브라질, 베트남, 콜롬비아, 인도네시아,
에티오피아, 페루, 온두라스, 인도, 우간다, 과테말라다. 커피
수입 상위 10개국을 살펴보면 미국, 독일, 벨기에, 이탈리아,
일본, 스페인, 러시아, 캐나다, 한국, 영국이다. 어딘가 닮은 듯

한 세 작물은 생산하는 국가와 즐기는 국가 간의 온도 차가
극명하다.

이디야 위기의 원인

커피 없이는 못 사는 한국인 사이에도 온도 차는 있다. 최근
국내 커피 전문점 시장에서 이디야의 몸집이 점점 작아지고
있다. 1500원짜리 저가형 커피와 6000원짜리 스페셜티
커피 사이에서 3200원의 이디야 커피는 명확한 타깃층을
잃어버렸다는 분석이 나온다. 실속도, 취향도 만족할 수
없다는 것이다. 급기야는 지난해, 역대 처음으로 역성장을
기록했다. 취향의 양극화는 소득의 양극화를 반영한다.
통계청 가계 동향 조사에 따르면 2021년 대비 2023년,
가난할수록 더 가난해지고, 부자일수록 더 더 부자가 되었다.
저소득층에 해당하는 1분위의 소득은 감소하고, 고소득층에
해당하는 4분위와 5분위는 소득이 물가 상승률 이상으로
증가한 것이다. 매일 마시는 커피 한 잔에 양극화가 담겼다.

이 양극화는 맛에서도 차이가 난다. 베트남에서 생산되는 커피 원두는 로부스타 품종이다. 병충해나 질병에 대한 저항력이 강해 재배하기 쉽고, 생산량도 많다. 그래서 가격이 상대적으로 싸다. 쉽게 말하면 '믹스 커피'용이다. 가격이 오르면 '맥심'과 '레쓰비'가 비싸진다. '아메리카노'용 원두는 따로 있다. 아라비카 품종이다. 향미가 풍부하며 브라질을 비롯한 남미와 아프리카 등에서 주로 생산된다. 가격이 오르면 스타벅스 메뉴가 비싸진다. 최근 몇 년 사이 급증한 저가형 커피 매장에서는 상대적으로 저렴한 로부스타 품종을 섞어 쓰는 경우가 많다. 그런데 로부스타 원두 가격마저 급등하면서 타격이 커졌다. 최근 '더벤티', '더리터', '하삼동커피' 등이 가격 인상을 단행했다. 이미 양극화된 커피 시장에서 물가의 타격을 먼저 받는 것은 저가형 커피 쪽이다.

IT MATTERS

올해 들어 로부스타 원두의 가격이 치고 올라오며 그 차이가 줄어들기는 했지만, 아라비카 원두의 가격도 지속해서 상승

중이다. 주요 원인은 역시 기후 위기다. 특히 전 세계 커피 최대 생산국인 브라질의 경우 2020년엔 가뭄이 2021년엔 이상 저온으로 생산량이 급감하며 커피 가격이 치솟은 바 있다. 아이러니하게도 우리가 매일 마시는 아메리카노 한 잔도 이 기후 위기를 만든 원인 중 하나다. 커피는 멀리서 온다. 열대 우림을 잡아먹고 생겨난 커피 농장에서 수확된 원두가 전 세계로 운송되며 탄소 발자국을 남긴다. 커피 한 잔이 머금은 물은 130리터다. 커피를 끊고 지친 오후를 버티기란 힘들겠지만, 바나나도, 두리안도, 커피도 알고는 먹어야 한다. 그래야 무언가를 바꿀 힘이 생긴다.

담배의 시간

정부가 합성 니코틴의 유해성을 판단하기 위한 연구를
시작한다. 국회의 요청에 따른 것이다. 합성 니코틴을
관련법상 '담배'에 포함해 규제하는 내용의 담배사업법
개정안을 심의 중이기 때문이다. 이번 연구 결과에 따라
한국은 담배에 대한 새로운 정의를 내리게 된다. 신아람이
썼다.

담배는 8000년 동안 인류와 함께해 왔다. 건강에 좋지 않다는 것을 알면서도 흡연은 지속됐고, 금연을 권장하면서도 담배는 금지된 일이 없다. 담배가 적당한 중독 산업이기 때문이다. 담배 없는 사회는 상상 밖의 영역이었다. 그런데 지금, 흡연의 모습이 바뀌고 있다. 지금 결정하는 정책이 우리의 건강과 건강 보험 재정의 미래를 좌지우지한다.

지난 2019년 뉴욕주가 당시 가장 인기 있는 전자담배 브랜드였던 '쥴'이 주로 청소년을 대상으로 기만적인 마케팅 및 판매 전략을 펼쳤다는 혐의로 소송을 제기했다. 사진: Spencer Platt, Getty Images

연초와 전담

한국의 경우 시중에서 쉽게 구할 수 있는 담배는 크게 두
종류다. 불을 붙여 태우는 연초와 전자 담배(e-cigarette)다.
전자 담배는 다시 두 종류로 나뉜다. 액상형과 궐련형이다.
액상형은 니코틴이 든 액체를 기기에 넣어 열을 가해 끓인
뒤 그 증기를 흡입하는 방식이다. '베이핑(vaping)'이라는
명칭으로도 잘 알려져 있다. 궐련형은 담뱃잎이 든 전용
스틱을 가열하여 쪄낸 증기를 흡입한다. KT&G의 '릴',
필립모리스의 '아이코스', 브리티쉬 아메리칸 토바코(BAT)의
'글로' 등이 이 방식을 사용하는 전자 담배다. 그런데 최근
BAT가 우리나라에서 액상 담배 제품인 '뷰즈'를 출시하면서
논란이 커졌다. 미국 시장 1위 액상형 전자 담배 브랜드다.

니코틴이지만 담배는 아닙니다

문제는 BAT의 뷰즈가 '합성 니코틴' 제품이라는 점이다.
현재 합성 니코틴은 담배로 분류되지 않는다. 우리나라의
담배사업법이 실제 담뱃잎을 원료로 포함한 것만을 '담배'로
정의하고 있어서다. 거리에서 자주 목격되는 전자 담배

점포에서 판매되는 대부분의 액상형 담배가 합성 니코틴을
원료로 사용한다.

법이 거르지 못한 신기술

담배가 아니니 관련 세금이나 부담금도 물지 않고 온라인
판매 및 판촉까지 가능하다. 흡연자는 더 싼 가격에 구매할 수
있고 판매자는 더 많은 이윤을 남길 수 있다. 규제 맹점이다.
이 틈을 글로벌 대기업인 BAT가 파고들었다. BAT 측은 "세금
및 부담금 절약분을 소비자 혜택으로 제공하겠다"는 입장을
밝혔다. 국회에서 관련 법 개정을 서두르는 이유 중 하나로
지목된다.

몸에 덜 나쁜 담배?

사실 액상형 전자 담배는 2019년 미국 식품의약청(FDA)이
폐질환을 유발할 수 있다고 경고한 후 급속도로 인기가
식었던 바 있다. KT&G에서도 액상형 전자 담배를
출시했지만, 해당 경고 이후 단종 수순을 밟았다. 하지만
액상형 전자 담배는 곧 부활했다. BAT의 뷰즈가 FDA

승인을 받았고, 영국의 경우 공중보건국에서 액상형 전자
담배가 기존 연초 담배에 비해 95퍼센트 이상 덜 해롭다고
발표하기도 했다.

전자 담배는 전기차다

BAT가 무리수를 감수하며 액상 담배 시장에 다시 뛰어든
이유다. 전자 담배야말로 담배 회사들의 미래다. 연초에 비해
전자 담배가 덜 위험하다는 연구 결과는 담배를 멈추고 전자
담배를 시작하자는 주장의 단단한 근거가 된다. 내연차를
멈추고 전기차로 가야 한다는 주장과 겹친다. 실제로 지난
2021년 필립 모리스의 야첵 올자크 CEO가 전자 담배를
전기차에 비유한 바 있다. 10년 안에 내연차와 같은 담배를
금지하고 전기차와 같은 전자 담배로 옮겨가야 한다는
것이다.

담배 금지법

이러한 담배 회사들의 주장과 가장 긴밀하게 보조를
맞추고 있는 국가가 영국이다. 정부는 지난해 10월 '담배

없는 세대(smokefree generation)'를 선언했다. 2009년
출생자부터는 성인이 돼도 평생 담배를 구매할 수 없도록
하는 것이 골자다. 이런 강경한 정책의 이면에는 영국의
의료 시스템이 있다. 정부가 국민의 의료비를 전부 부담한다.
흡연으로 인해 발생하는 질병 치료비가 고스란히 국가
재정에서 나간다. 영국 정부가 파격적인 금연 정책을
밀어붙이는 이유다.

규제의 방향

그런데 이 정책의 이면에는 전자 담배가 있다. 2009년생이
구입할 수 없는 담배에 전자 담배는 포함되지 않는 것이다.
심지어 지난해 4월 영국의 보건사회복지부는 무료 전자
담배 키트를 100만 명에게 무료로 제공하겠다는 계획까지
발표했다. 두 가지 근거가 있다. 전자 담배를 완전 금연을
위한 중간 단계로 보는 관점과 전자 담배가 담뱃잎에 불을
붙이는 방식의 흡연보다는 몸에 덜 해롭다는 연구 결과다.
즉, 영국 정부는 연초 담배와 비교해 덜 해롭다는 전자 담배
쪽으로 시장을 이동시키겠다는 결정을 했다고 볼 수 있다.
합성 니코틴까지 담배로 규제하겠다는 입장의 우리나라와는

23

궤도가 다르다.

IT MATTERS

물론, 전자 담배의 유해성과 관련된 논의는 끝나지 않았다.
영국 정부가 근거로 들고 있는 연구 결과를 반박하는 논문도
속속 발표된다. 다만, 영국의 움직임은 우리가 이 '적당한
중독 물질'을 어떻게 대해야 할지에 관해 시사점을 던진다.
법으로 담뱃잎에 세금을 매기고 금연 정책을 추진하는 사이
세금도 붙지 않는 담배 아닌 담배, 합성 니코틴이 거리 곳곳을
채웠다. 글로벌 대기업까지 이 시장에 진출하고자 한다. 합성
니코틴에도 세금과 규제가 붙으면 더 많은 사람이 담배를
포기하게 될까. 우리의 건강 보험 재정을 위협하는 요인
하나를 억제할 수 있을까.
반면, 한때 '전자 담배계의 아이폰'이라는 별명으로 유명했던
'쥴(JUUL)'의 사례 또한 시사하는 바가 크다. 미국 쥴랩스는
전 세계 10억 명에 달하는 흡연자의 삶을 개선하겠다는
신념을 가진 창업자들의 열정으로 탄생했다. 발암 물질을
거의 내포하지 않고 니코틴만으로 이뤄진 전자 담배를
내놓고자 하는 꿈이었다. 쥴이 시장에 나온 지 1년여 만에

시장이 흔들렸다. '힙'했던 마케팅 콘셉트는 물론 디자인, 맛, 편의성까지 모든 것이 완벽했다. 그리고 중독 성분인 니코틴 함량도 엄청났다. 기존의 흡연자들이 줄로 갈아탔다. 그런데 10대들까지 줄에 빠져들게 된다. FDA가 액상 담배에 엄격한 기준을 들이대기 시작했던 이유다.

정유석 단국대 의대 교수는 소비자에게 덜 해로운 담배를 선택할 자유가 있다고 지적한다. 다만 '해로움'과 '덜 해로움'의 정확한 의미와 차이가 어떤 방식으로 연구되고 설명될 수 있느냐의 문제는 남는다. 담배의 유해성이 제대로 알려지기까지 업계는 과학과 데이터를 무기 삼았고 미디어를 선전 도구로 앞세웠다. 의사를 앞세워 담배를 광고했던 시절도 있었다. 지금, 담배 산업의 패러다임이 바뀌고 있다면 같은 실수를 되풀이해서는 안 된다. 합성 니코틴에 관한 정부의 판단이 정확해야 할 이유, 그 결과가 명확히 설명돼야 할 이유다. 건강 불평등은 절대 저절로 일어나지 않는다.

불닭볶음면이 라면 시장의 지각을 바꾸고 있다. 만년 3위였던 삼양라면은 1위, 2위인 농심과 오뚜기의 시가 총액을 넘어서며 1위에 올랐다. 분기 기준으로 영업 이익 역시 추월했다. 숫자만이 아니다. 전 세계 사람들이 입 모아 불닭볶음면을 제1의 라면으로 꼽는다. K-푸드의 노멀은 이제 비빔밥, 불고기가 아닌 불닭볶음면이다. 김혜림이 썼다.

마트의 한 벽면 전체를 채운 라면 매대에서 맛있다는 것만으로 성공하기는 어렵다. MZ세대의 소울 푸드가 된 불닭볶음면에는 중독적인 맛 이외에도 특이한 점이 있다. 불닭볶음면이 잘 꾸며진 요리보다는 DIY, 문화, 콘텐츠, 오락거리로 소비된다는 점이다. 틱톡 시대의 음식은 먹는 것을 뛰어넘어야 한다. 이미 우리의 식문화는 리믹스 시대에 들어섰다.

불닭볶음면 브랜드 상세 설명. 사진: 삼양식품

불닭볶음면

2012년 매대에 등장한 불닭볶음면의 기획안은 2005년부터
나와 있었다. 국물 없는 매운 라면에 대한 선호가 분명하지
않던 시절인 탓에, 매운 볶음 라면이라는 아이디어는 먼지
속에 가려져 있었다. 시간이 흐르면서 신라면, 틈새라면과
같은 매운맛 제품이 인기를 끌게 된다. 불닭볶음면은 이때를
놓치지 않았다. 불닭볶음면은 맵다. '핵불닭볶음면'의
경우에는 임산부의 섭취는 자제하는 게 좋다는 경고 문구가
쓰여 있을 정도다. 마니악한 음식인데도 사람들의 반응은
뜨거웠다. 2023년 기준 불닭볶음면의 전체 매출은 1조 1929억
원으로, 이 중 해외가 차지하는 비율은 무려 68퍼센트에
이른다.

세계화의 조건

하나의 음식이 전 세계에서 인기를 얻기 위해선 무엇이
필요할까. 하나의 전략은 세계인의 입맛에 맞춘 현지화였다.
외국인들이 한식에 쉽게 접근할 수 있도록 프렌치 스타일,
아메리칸 스타일 등을 접합시켜 메뉴를 구성하는 식이다.

또한, 한국의 음식뿐 아니라 한국의 전통문화까지 음식을 통해 체험할 수 있도록 하는 것 역시 전략 중 하나였다. 식당을 가장 '한국스럽게' 꾸며 놓고 테이블이 아닌 온돌 바닥에서 먹을 수 있도록 하는 게 그 사례다. 체계적인 조리법을 통해 모두가 같은 정도의 맛을 보장할 수 있는, 정돈된 레시피도 필요했다. 만들어진 공식을 퍼트려 더 많은 이들이 한국을 맛볼 수 있도록 하는 게 정설이었고, 지름길이었다.

스시

전 세계인을 사로잡은 스시는 세계화의 세 가지 조건을 모두 만족한 대표적인 음식이다. 게다가 스시에는 동양의 이국적임도 함께 담겨 있었다. 《스시 이야기(The Story of Sushi)》의 저자 트레버 코슨(Trevor Corson)은 전 세계를 사로잡은 스시의 매력을 다음과 같이 표현했다. "스시가 왜 그렇게 세계적인 영향력을 미치게 됐는지에 대한 개인적 이론 중 하나는 소비자로서의 우리가 이국적이고 모험적이면서도 접근하기 쉽고, 새로운 제품에 매력을 느낀다는 것입니다." 스시는 일상생활에서 쉽게 접근하기 어려운 미지의 동양 문화를 쉽고 빠르게 체험할 수 있도록 해줬다. 어느 나라의

전통 음식, 그리고 그것이 전 세계로 퍼져나갈 때는 언제나
문화가 필요했다. 다만 과거의 경우, 문화는 국가, 민족과 같이
전통적인 경계 내에 갇혀 있었다.

소셜 미디어

이제 젊은 세대는 교과서나 다큐멘터리가 아닌 소셜 미디어를
통해 타 국가의 문화를 접한다. 이런 형태의 접근은 두 가지
특징을 갖는다. 일단 이국적인 것을 경험하고 상상하기 너무
쉬워졌다는 것, 그리고 자신이 직접 이국적인 것을 만들어
체험하거나 변형해 다시 퍼트릴 수 있다는 점이다. 이제는
익숙한 한국의 마라탕 유행이 대표적이었다. 유튜브와
틱톡 등 소셜 미디어를 통해 마라탕이 알려지기 시작하고,
사람들의 필요에 따라 마라탕 전문점이 생겨나기 시작했다.
사람들은 남이 만들어 주는 마라탕을 수동적으로 소비하지
않았다. '나만의 마라탕 재료'를 소개하는 영상을 찍어
올리거나 저렴한 마라탕 레시피를 올려 직접 집에서 마라탕을
끓여 먹는 콘텐츠를 만들기도 했다. 스시는 일본과 뗄 수
없는 사이었지만, 마라탕의 시대는 다르다. 마라탕과 중국은
느슨한 관계를 맺는 그림자에 불과하다.

음식의 위상

음식의 위상도 바뀌었다. 더 이상 음식은 귀하지 않다. 이제
음식은 맛있거나 다른 문화와의 접촉을 가능케 하는 도구적
역할, 그 이상을 수행해야 하는 처지에 놓였다. 음식은 자신을
PR할 수 있는 프레젠테이션 도구가 돼야 하며, 직접 만들고
즐기며 퍼트릴 수 있는 유익한 콘텐츠가 돼야 한다. 자신의
저녁 메뉴를 인스타그램 스토리에 올리는 행위는 일상을 모양
잡고 자랑할 수 있는 간편한 방법이 됐다. 식품 대기업들은
SNS에 떠도는 창작 레시피에 촉각을 기울인다. MZ세대
소비자는 '모디슈머(Modify+Consumer)'다. 친숙한 것들을
직접 조합해 자신만의 것으로 바꾼다. 내가 먹는 것은 나를
보여 준다. 소셜 미디어 시대에는 한 걸음 더 나아간다. 내가
먹는 것을 보여 주는 것 또한, 먹는 행위의 일부다.

창작 레시피

불닭볶음면은 이런 시대적 흐름에 최적화된 음식이었다.
사람들은 직접 마요네즈나 마늘, 치즈, 햄 등을 추가해
자신만의 불닭볶음면 레시피를 만들었다. 해외의 불닭

레시피가 한국으로 역수출되기도 했다. 먹방 유튜버들은
라이스페이퍼를 활용해 불닭 쌈을 만들고 삼양에서 내놓은
불닭 소스를 모든 음식에 뿌려 먹는다. 불닭으로부터
파생되는 수많은 창작 레시피 자체가 하나의 바이럴로
기능했다. 회사의 신제품 기획 방향도 명확해졌다. 많은
사람에게 인기를 끄는 창작 레시피를 주의 깊게 살피고, 그를
더욱 쉽게 만드는 파생 상품을 개발하기만 하면 된다. 우유를
넣어 불닭볶음면을 끓이는 사람이 많아지면 '까르보 불닭'을,
국물 라면에 대한 선호가 여전하다면 '불닭볶음탕면'을
만드는 식이다. 시장에 쏟아지는 제품이 다양해질수록,
사람들의 상상력도 무한히 커진다. 이 상상력의 크기가 곧
시장의 잠재력이다.

리믹스

불닭볶음면은 한국스러운 전통 음식도, 혹은 접하기 어려운
고급 음식도 아니다. 내가 원하는 대로 즐기고, 또 그 방식을
자랑할 수 있는 일종의 액세서리에 가깝다. 틱톡 시대의
식문화는 리믹스의 영역으로 들어섰다. 이때의 리믹스는
단순히 새로운 레시피를 발명하는 것만을 말하는 건 아니다.

커뮤니티와 브랜딩까지도 리믹스의 영역에 포함된다. 삼양은 지난 2022년 런던 현지에서 진행된 런던아시아영화제에 팝업 스토어를 열었다. 불닭볶음면이 아닌 불닭 소스를 활용한 닭강정이 주력 메뉴였다. 원숭이 캐릭터로 PFP NFT를 만드는 BAYC는 성수동에 '보어드 앤 헝그리'라는 이름의 버거 가게를 열었다. 창립자는 BAYC의 커뮤니티를 "브랜드의 스토리텔링에 활용할 것"이라 말했다. 버거는 커뮤니티를 모으는 도구로, 또 기존의 커뮤니티는 F&B를 지속하는 땔감으로 작용한다. DJ의 매력이 리믹스하는 곡의 원본 소스가 아닌 원본을 뒤트는 방식에서 나오는 것처럼, 식문화의 리믹싱은 각기 다른 방식으로 활발해지고 있다.

IT MATTERS

충성스러운 열혈 팬을 만들고 지속해 온 아이돌 팬 문화, 서브컬처는 이미 리믹싱 문화를 적극적으로 활용하고 있었다. 팬들은 직접 자체 굿즈를 만들고, 아이돌 멤버나 애니메이션 캐릭터에 각자의 서사를 부여해 팬픽이나 스핀오프 이야기를 만들어 냈다. 그 과정에서 소모임과 커뮤니티가 생겨났고, 팬덤 확장의 지속 가능한 동력을 얻어 낼 수 있었다. 흔히

말하는 '착즙'이 이뤄져야만 한정된 원본 소스 안에서
자생적인 확장이 가능해지는 것이다.

매운맛과 한국의 문화가 불닭볶음면 성공의 주된 화신은
아니다. 불닭볶음면은 팬들의 착즙을, 소셜 미디어의
확산력을, 재빠른 개발력을 토대로 승부했다. 소비자가
생산자가 되는, 리믹스의 장을 열어 주자 불닭볶음면은 라면
그 이상의 문화가 됐다. 우리가 불닭볶음면에서 배워야 할
것은 한국적임과 매운맛만이 아닐지 모른다.

망명의 외주화

오는 6월, 혹은 7월부터 영국에 도착한 망명 신청자는
6400킬로미터 떨어진 아프리카의 르완다로 보내질 전망이다.
그곳에서 망명 신청을 심사한 후, 받아들여지면 르완다
현지에 정착하게 된다. 소형 선박에 몸을 싣고 프랑스에서
영국으로 향하는 난민들을 막겠다는 것이 그 이유다. 영국
정부는 프랑스와 영국을 잇는 영불 해협을 건너려다 배가
가라앉으면서 난민들이 사망하는 참변이 반복되어 왔고,
이를 사전에 방지하겠다는 '인도주의적' 이유를 강조한다.
실제로 이 '르완다 법'이 통과된 직후, 영국으로 향하던 보트가
가라앉았다. 신아람이 썼다.

이 법은 영국의 리시 수낵 총리가 직접 발의했다. 그리고 '망명의 외주화'라는 상상력은 이제 현실이 되기 일보 직전이다. 환대의 땅이 점점 사라지고 있다. 목숨을 걸고 도망친 사람들이 그 어느 곳에도 정착할 수 없다면, 이 지구상에는 절망의 영토만이 확장을 거듭하게 된다. 그럼에도 영국은 르완다 법을 밀어붙였다. 그 이유와 과정, 예상되는 결과를 살펴보면 민의와 정치의 의미를 곱씹게 된다.

2024년 3월 6일, 약 65명의 난민을 태운 고무 보트가 영불 해협을 건너고 있다. 사진: Dan Kitwood, Getty Images

외주화의 시작

이민자를 막아 내겠다는 영국 보수당의 공약은 생각보다
역사가 길다. 2016년 브렉시트(Brexit)를 추진하던 당시
핵심적인 이슈 중 하나였고, 보리스 존슨 전 총리는 2021년
망명 신청자를 해외로 송환하는 계획을 본격적으로 논의하기
시작했다. 코로나19 기간 소강상태를 보이던 망명 신청자의
수가 급증하면서 보수당 지지층의 불만이 터져 나왔기
때문이다. 물론, 순탄하지는 않았다. 먼저 이들을 받아 줄
국가를 찾아야 했고, 다음으로는 각종 법적 규제를 뚫어야
했기 때문이다.

멈춰 선 르완다행 비행기

난민을 받아 줄 국가는 찾았다. 2022년 4월 영국은 수억
달러의 개발 자금을 지원하는 대가로 난민들을 르완다에
보내기로 합의한다. 법적인 문제도 해결했다. 같은 해 6월
르완다로 향하게 될 첫 비행기가 이륙을 준비했다. 그러나
유럽인권재판소(ECHR)가 기어이 그 이륙을 막아 냈다.
난민들을 생면부지의 땅인 르완다로 이송하는 것이 인권

유린에 해당한다고 판단했다. 이후 영국 의회는 영국 정부가
ECHR의 긴급 조치를 무시할 권한을 갖도록 하는 동시에
르완다가 망명 신청자에게 안전한 국가임을 보장하는 내용을
포함한 '르완다 법'을 통과시킨다. 올해 4월 22일의 일이다.

불가능을 가능하게 만드는 선거

상식을 뒤집는 르완다 법에 당연히 반발이 뒤따르고 있다.
이미 각종 인권 단체는 물론이고, 유엔 난민기구(UNHCR),
영국 대법원, 찰스 국왕 등이 반대 입장을 밝힌 바 있다.
그러나 수낵 총리는 안되는 것을 되게 만들었다. 이유는 곧
닥쳐올 선거다. 오는 하반기 치러질 총선에서 수낵 총리의
보수당은 참패할 예정이다. 적어도 현재까지의 여론조사
결과로는 그렇다. 각종 여론 조사에서 노동당이 보수당에
20퍼센트포인트 안팎으로 앞서고 있다. 실제로 총선의
전초전으로 꼽힌 지난 5월 2일 지방 선거에서 보수당은
참패했다. 수낵 총리의 마음이 다급할 수밖에 없다.

애매한 성과

수낵 총리는 세계적인 투자 은행, 골드만삭스의 애널리스트
출신이다. 사상 최단임 총리라는 기록을 세웠던 리즈 트러스
전 총리의 뒤를 이어 취임한 후, 그에게 주어진 미션은
오로지 추락하는 영국 경제를 구출해 내는 것이었다. 영국의
치솟는 인플레이션, 고공 행진을 거듭한 금리, 그럼에도
침체를 벗어나지 못하는 경기는 수낵 총리가 아닌 그 전임
총리들의 정책 결과였다. 수낵은 해야 할 일을 어느 정도 해
냈다. 11퍼센트대를 기록했던 물가상승률을 3.2퍼센트까지
끌어내렸다. GDP 또한 마이너스 성장의 수렁을 벗어났다.

한 방을 노린다

하지만 부족하다. 삶이 나아졌다는 체감을 하기에는 한참
멀었다. 금수저 이미지를 벗고 유권자와의 거리를 좁히고자
노력하지만, 뜻대로 되지 않는다. 당내 입지도 불안하다. 한
방이 필요하다. 보수 지지층의 가장 큰 불만인 의료 시스템
붕괴와 이민자 문제에 해결책을 제시해야 한다. 르완다 법은
그래서 수낵이 반드시 성공시켜야 하는 미션이다.

그런데 르완다 법은 너무 비싸다. 영국 정부가 난민 신청자들의 국내 임시 체류에 사용하는 금액은 연간 30억 파운드다. 국내외 비난에도 불구하고 난민을 바다 위 바지선에 머물게 한 이유다. 그렇다면 르완다에 이들을 보내면 얼마나 들까. 영국 정부는 2024년 말까지 르완다에 3억 7000만 파운드, 약 4억 5700만 달러를 지급할 것으로 예상된다. 2026년까지 이 지원금은 두 배가량 늘어난다. 난민을 태운 항공편이 취항하게 되면 정책 수행에 드는 비용은 더 늘어날 전망이다. 난민 한 명당 17만 파운드씩을 르완다 정부에 추가로 지급하기로 했기 때문이다. 결국 르완다로 망명 신청자를 보내는 데에 한 명당 6만 3000파운드가 더 소요된다는 계산이 나왔다.

유럽의 분위기

돈 계산만 놓고 보면 영국의 결정은 불합리적이다. 서민의 일상을 나아지게 만들 법안이라 할 수 없다. 르완다 법은 다분히 정치적인 판단일 뿐이다. 그럼에도 망명의 외주화는

유럽 전역으로 확산 중이다. 가장 빠르게 움직이고 있는
것은 이탈리아다. 1650만 달러를 지급하고 알바니아에 난민
센터를 설립해 망명 신청자를 보내기로 했다. 오스트리아도
난민을 제3국으로 이송하는 방안을 검토 중이다. 독일과
스위스에서는 망명의 외주화 정책을 추진하는 정당이 힘을
얻고 있다.

IT MATTERS

르완다 법의 불똥은 엉뚱한 곳으로도 튀었다. 영국에 머물던
난민들이 르완다행을 두려워한 나머지 다시 국경을 넘어
아일랜드로 향하고 있다. 급증하는 난민들로 인해 일부
지역에서는 소요 사태가 벌어지는 상황이다. 미국의 트럼프
전 대통령은 재집권에 성공할 경우 이민자를 제3국으로
추방하는 정책을 추진할 전망이다. 영국의 르완다 법이
영감을 불어넣었다는 분석이다.
유럽의 경제가 휘청이고 있는 것은 사실이다. 미국의 반이민
정서도 경제적 취약 계층을 중심으로 형성돼 있다. 그러나
난민을 막아서는 정책은 경제적 결론이 아니라 정치적
결론이다. 먹고 살기 힘들어진 민심의 분노가 겨냥할 과녁을

세운 것이다. 혐오를 먹이 삼아 정치가 자라고 있다. 정치라 불러서는 안 될 정치다.

아마존이 무인 편의점, 아마존 고(Amazon Go)를 공개했을 때 그것은 현실에 도래한 미래였다. 물건을 골라 그냥 매장 밖으로 나가면 자동으로 결재가 되는, 쇼핑의 신세계가 펼쳐졌다. 생성형 AI는커녕, 키오스크 비대면 결제도 일반화하기 이전인 2016년의 일이었다. 하지만 무인 매장을 가능케 했던 것은 사람이었다. 수사적인 표현이 아니다. 실제로 1000명 넘는 인도인이 매장에 설치된 카메라를 통해 상품의 라벨을 확인하고, 고객이 구매한 물건을 확인해 왔다는 보도가 나왔다. 신아람이 썼다.

전 세계가 사람을 대체할 기술에 열광하고 있다. 사람의
몸을 대체할 로봇이, 사람의 뇌를 대체할 인공지능이 경제의
중심에 섰다. 멈출 줄 알았던 성장을 다시금 밀어 올릴
구원자다. 나스닥이, 코스피가 출렁인다. 그러나 기술은
우리의 생각보다 빠르기도 하고 느리기도 하다. 인류의 삶은
대체되기엔 엄청나게 복잡하고 경이롭다, 아직은.

2021년 3월 4일 영국 런던에 문을 연 아마존 프레시 매장. 쇼핑객은 입장
시 스마트폰 앱으로 체크인하고 개별 상품을 스캔할 필요 없이 퇴장하면
자동으로 요금이 청구된다. 사진: Photo by Leon Neal, Getty Images

계산대 앞에서 지루하게 줄을 선다. 앞 사람과 물건이 섞일까 신경을 곤두세운다. 막상 차례가 되면 직원의 빠른 손놀림에 맞춰 허둥지둥 물건을 다시 챙겨 담고 신용카드와 포인트 카드를 부랴부랴 꺼낸다. 아마존은 이 시간을 '비효율'인 동시에 고객의 '페인 포인트(pain point)'로 정의했다. 온라인의 쇼핑 경험을 혁신했던 아마존이다. 오프라인의 쇼핑 경험도 혁신하겠다고 선언했다. 물건을 가지고 나가는 것만으로도 알아서 무엇을 구입했는지, 얼마를 결제해야 할지는 아마존의 기술이 챙기겠다는 것이다. 그것이 바로 'Just Walk Out Technology'다.

숨겨진 사람들

마법 같은 일이지만, 기술이다. 매장에 설치된 카메라와 상품을 추적할 수 있는 센서 등을 이용해 누가 무엇을 가지고 나갔는지 인식하고 미리 등록해 둔 결제 수단을 통해 결제가 이루어지는 식이다. 그런데 구매 영수증을 받을 때까지 몇 시간씩 걸리는 경우도 있었다. 이유가 드러났다. 자동화된

시스템만으로는 고객이 무엇을 얼마나 구매했는지 정확히 알
수 없었다. 특히, 편의점 수준이 아니라 마트 수준으로 확장한
아마존 프레시(Amazon Fresh)에서는 더욱 그러했다. 결국,
사람이 확인했다. 인도에서 근무하는 사람들이 카메라에
찍힌 물건의 라벨을 원격으로 확인했다. 검수 과정이다. 이
과정에 시간이 소요됐던 것으로 보인다. 아마존도 인정했다.
근무자가 1000명은 되지 않는다고 주장하긴 했지만 말이다.

완전? 자율 주행 택시

기술 뒤에 사람이 숨어 일하고 있었던 사례는 드물지 않다.
샌프란시스코에서 무인 택시를 운영했던 GM 크루즈도
비슷한 논란으로 입길에 오르내렸다. 완전 자율 주행 기술로
운행되는 줄로만 알았던 크루즈가, 실은 인간의 원격 조작에
기대고 있었다는 사실이 드러났다. 지난 2023년 11월,
《뉴욕타임스》는 차량 1대당 1.5명의 인력이 붙어야 했다고
보도했다. 도로를 4~8킬로미터 운행할 때마다 한 번씩 인간의
개입이 필요했다는 것이다.

Mechanical Turk

전형적인 '매커니컬 투르크(Mechanical Turk)'의
사례들이다. 사람이 일한 결과를 기계의 작동 결과로 속이는
행태를 뜻한다. 어원은 18세기 후반으로 거슬러 올라간다.
오스트리아 궁정에 터키인의 모습을 한 인형이 등장했다.
이 인형은 자동으로 움직이며 기가 막히게 체스를 두었다.
많은 사람이 상대로 나섰다가 패배했다. 나폴레옹, 벤저민
프랭클린 등도 쓴맛을 본 장본인이다. 유럽 전역을 돌며
관객들을 매료시켰던 이 인형은, 로봇도 아니고 인공지능도
아니었다. 정교한 기계 속에 사람이 들어앉아 조종하고
있었을 뿐이다. 물론, 체스를 아주 잘 두는 사람이다.

Image Net

21세기에도 매커니컬 투르크가 있다. 속임수나 사기는
아니다. 2005년도에 시작된 아마존의 서비스 얘기다.
요청자의 과제를 수행할 사람을 연결해 주는 플랫폼으로,
간단한 데이터 검증 및 연구 수행부터 설문 조사 참여까지
요즘 세상에 사람이 해야 하나 싶은 소소한 작업을 수행하면

소소한 대가를 받을 수 있다. 이 플랫폼을 통해 탄생한 것이 바로 2012년 시작된 '이미지 넷' 프로젝트다. 5만 명의 사람이 붙어서 사진 10억 장에 일일이 라벨을 달았다. 개인지, 고양이인지, 사람인지, 쿠키인지 사람이 확인하고 입력했다. 이 데이터베이스는 연구자들에게 무료로 공개되었고, 이제 우리는 챗GPT와 같은 생성형 AI가 이미지를 인식해 추론하는 세상에 살고 있다.

그림자 노동

물론, 이러한 작업이 늘 합리적으로 이루어지고 있는 것은 아니다. 2021년 국제노동기구(ILO)의 연구에 따르면 전 세계 온라인 프리랜서 작업의 대부분이 남반구에서 수행되고 있다고 한다. 인도나 필리핀 등 상대적으로 소득 수준이 낮은 국가에서 AI 학습을 위한 데이터가 생산되고 있는 것이다. 이미지 넷 프로젝트와 유사한 이미지 라벨링 작업도 이에 포함된다. 이들은 소소하지 않은 마음으로 작업에 임한다. 생계가 걸렸기 때문이다. 때로는 폭력적이고 선정적인 데이터에 노출되기도 한다. 대가는 소소하다. 4시간을 일해서 30센트를 버는 일도 있다.

기술 뒤에는 사람이 있다. 하지만 많은 기업이 사람을 숨긴다.
이유는 무엇일까. 체스를 잘 두는 사람은 신기하지 않기
때문이다. 체스를 잘 두는 자동인형이 신기하다. 볼거리가
되고 돈이 몰린다. 현대판으로 번역하자면 '투자'가 몰린다.
실제 관련이 있든 없든, 사업 보고서에 AI가 있어야만
스타트업 씬에서 살아남을 수 있다는 이야기도 나오는
지경이다. 그러나 기술은 언제나 불완전하다. 그것을
해결하는 과정은 투명하고 합리적이어야 한다. 기술에 아직
사람이 필요하다면 무엇에 어떻게 필요한지, 소비자가 알 수
있어야 한다.

IT MATTERS

아마존은 무인 매장을 아직 포기하지 않았다. 고객이 카트에
물건을 담는 과정에서 자동으로 결제가 이루어지는 시스템에
힘을 더 싣겠다는 입장이다. 우리나라 편의점에서 흔히 볼
수 있는 무인 계산대를 카트에 부착해 놓은 방식이다. 셀 수
없이 많은 카메라와 비싼 센서보다 훨씬 인간적인 해결책일

수 있다. 고객의 쇼핑 과정에 기술을 자연스럽게 녹여냈기
때문이다. 물론, 아마존만 할 수 있는 획기적인 기술은
아니지만 말이다. 결국 혁신보다 해결이 먼저다. 기술이
목적이 아니라 인간의 삶이 목적이다. 아직은 그렇다.

바이든의 베트남

미국 대학가에서 가자 지구 전쟁 반대 시위가 확산하고 있다.
반전 시위의 발화점이 됐던 미국 뉴욕 컬럼비아대는 5월
15일 열릴 예정이던 졸업식을 취소하기로 했다. 캠퍼스에서
전체 졸업식을 거행하면 안전 문제가 우려된다는 이유였다.
전체 행사를 여는 대신 10~16일 단과 대학별로 소규모 졸업
행사를 진행한다. 이연대가 썼다.

4월 중순 이후 미국 대학에서 반전 시위를 벌이다 체포된 학생은 50개 대학, 2500명에 달한다. 전국 대학으로 시위를 옮겨붙게 한 컬럼비아대의 반전 시위는 1968년 베트남전 반대 시위와 여러모로 닮았다. 컬럼비아대의 팔레스타인 지지 시위는 1968년에 그랬던 것처럼 11월 대선에 영향을 미칠 수 있다. 컬럼비아대 시위의 지난 2주를 돌아본다.

2024년 4월 29일 미국 뉴욕 컬럼비아대학교에서 열린 가자 지구 전쟁 반대 시위. 학생들이 캠퍼스 잔디밭에 텐트를 치고 농성했다. 사진: Fatih Aktas, Anadolu via Getty Images

집단 학살의 공범

4월 17일 새벽, 이스라엘의 가자 지구 공격에 분노한 수백
명의 학생이 컬럼비아대 캠퍼스 잔디밭에 약 50개의 텐트를
쳤다. 그들은 그곳을 '가자 연대 야영지'라고 선언했다.
시위대는 대학이 막대한 기금을 이스라엘 관련 기업과
군수업체에 투자하는 것을 철회할 때까지 텐트 농성을
벌이기로 했다. 컬럼비아대가 팔레스타인 학살의 공범 역할을
그만둬야 한다고 주장했다.

수업료

미국 명문 사립대인 컬럼비아대의 1년 학비는 9만 달러(1억
2200만 원)다. 시위대는 자신이 내는 수업료가 팔레스타인
집단 학살의 자금으로 쓰이고 있다고 주장한다. 그들은
그동안 반전 집회를 열었지만, 워싱턴까지 닿지 않았다.
그래서 다른 방식을 시도했다. 텐트 농성을 극비에 부치고
한날한시에 모였다. 이 아이디어는 하버드, MIT 등 다른
캠퍼스로 빠르게 퍼졌다.

총장

텐트 농성이 시작된 날, 컬럼비아대 총장 샤피크는
워싱턴DC에 있었다. 미국 하원의 반유대주의 청문회에
증인으로 참석했다. 그보다 몇 달 전 열린 청문회에서
하버드대와 펜실베이니아대 총장은 반유대주의에 대한
확고한 대응 방침을 밝히지 않아 유대계의 압력을 받았고
결국 사임했다. 샤피크는 달랐다. 시위대를 비판하며
반유대주의에 맞서 싸우겠다는 의지를 드러냈다.

NYPD

샤피크는 청문에서 밝힌 대로 시위대에 강경하게 대응했다.
4월 18일 샤피크는 시위대가 학내 안전 규정을 위반했다며
뉴욕 경찰(NYPD)에 시위대 해산을 요청했다. 그날 오후 진압
장비를 착용한 경찰관 수십 명이 캠퍼스로 진입해 텐트 시위
참가자 108명을 연행했다. 1968년 베트남전 반대 시위 이후
컬럼비아대 캠퍼스에서 발생한 최대 규모의 체포였다.

친이스라엘 시위

샤피크의 경찰 진압 요청은 두 가지 결과를 낳았다. 첫째,
캘리포니아에서 플로리다에 이르기까지 전국 대학의
친팔레스타인 학생들이 캠퍼스 점거 시위에 나서게 됐다.
둘째, 친이스라엘 학생들도 맞불 집회를 조직하기 시작했다.
이들은 '이스라엘을 위한 연합 행진'을 벌였는데, 컬럼비아대
유대인 동창회, 기독교 보수 단체, 보수 운동가들이 시위를
조직했다.

협상

경찰이 시위대를 연행하고 잔디밭 텐트를 철거하는 사이,
바로 옆 잔디밭에 학생 수백 명이 모였다. 그들은 다시 텐트를
쳤다. 텐트 수가 전보다 늘었다. 대학은 협상에 나섰다.
투자 투명성을 높이고 가자 지구에 보건 및 교육 자금을
지원하겠다고 제안했지만, 시위대는 이스라엘과의 완전한
결별을 요구했다. 4월 29일 샤피크 총장은 협상 결렬을
발표하고 학생들에게 해산 시일을 통보했다.

해밀턴홀 점거

4월 30일 시위대는 해밀턴홀로 향했다. 미국 초대 재무장관 알렉산더 해밀턴의 이름을 딴 건물로 컬럼비아대 반전 시위의 상징이다. 1968년 베트남전 반대 시위 때도 시위대가 이 건물을 점거했다. 시위대는 해밀턴홀에 들어가 창문과 문을 틀어막았다. 그러고는 건물 이름을 '힌드스 홀(Hind's Hall)'로 바꾼 배너를 내걸었다. 이스라엘의 공격을 받아 숨진 팔레스타인 6세 소녀 힌드 라자브(Hind Rajab)의 이름을 땄다. 그날 밤 경찰은 2층 창문을 통해 건물에 진입했다. 5분 만에 상황을 종료하고 학생 50여 명을 연행했다. 시위는 끝났다.

IT MATTERS

해밀턴홀 점거 학생이 경찰에 연행된 4월 30일은 1968년 같은 곳에서 베트남전 반대 시위대가 체포된 지 56년 되는 날이었다. 당시 시위 학생 700명이 연행됐고, 경찰의 강경 진압 논란이 일면서 반전 여론이 거세졌다. 그해 8월 민주당 전당 대회가 열린 시카고에서는 베트남전 반대 시위대가

경찰과 충돌해 유혈 사태가 벌어졌다. 베트남 파병 문제를
두고 분열한 민주당은 베트남 철수를 약속한 공화당의
닉슨에게 대통령 자리를 내줬다. 지금 가자 지구는 바이든의
베트남이 되어 가고 있다. 바이든은 이스라엘에 등을 돌릴
수도 없고, 적극적으로 편을 들 수도 없다. 공교롭게도 올해
8월 민주당 전당 대회 장소는 시카고다.

주한 미군에 일어날 일

엘브리지 콜비 전 미국 국방부 전략·전력 개발 담당
부차관보가 "한국은 북한을 상대로 자국을 방어하는 데 주된
책임을 져야 한다"며 "나에게 결정 권한이 있다면 주한 미군을
두지 않을 것"이라고 했다. 그런데 콜비 전 부차관보는 결정
권한을 갖게 될 가능성이 있다. 도널드 트럼프 전 대통령이
오는 11월 대선에서 승리할 경우 백악관 국가 안보 보좌관
후보로 거론되는 인물이다. 이연대가 썼다.

트럼프 진영이 주한 미군 철수 가능성을 계속 제기하고 있다. 주한 미군 방위비 인상을 압박하기 위한 협상 전략이라는 평가가 중론이지만, 주한 미군의 역할이 근본적으로 달라질 수 있다는 전망도 나온다. 트럼프 정부가 다시 들어서면 미국은 북핵 폐기가 아닌 북핵 동결로 입장을 전환할 수 있다. 이에 따라 한국 핵무장론이 불거질 수 있다. 한국의 핵무장은 일본과 대만의 핵 도미노로 연결될 수 있다.

2017년 11월 7일 도널드 트럼프 당시 미국 대통령과 문재인 대통령이 경기도 평택시에 있는 미군 기지 '캠프 험프리스'에 방문해 군인들과 대화하고 있다. 사진: Jim Watson, AFP, Getty Images

부자 나라

트럼프 전 대통령은 4월 30일 보도된 《타임》 인터뷰에서
"왜 우리가 부자 나라인 한국을 지켜 줘야 하냐"고 했다.
한국에서 미군을 철수할 것이냐는 질문에는 "한국이 우리를
제대로 대우하기를 원한다"고 했다. 한국 정부의 주한
미군 방위비 분담금을 증액해야 한다는 얘기다. 트럼프는
북대서양조약기구(NATO) 국가들을 향해서도 방위비를 더
내야 한다고 압박하고 있다.

주한 미군

현재 주한 미군의 규모는 2만 8500명이다. 일본 5만
5000명, 독일 3만 5000명에 이어 세 번째로 많은 미군
병력이 주둔하고 있다. 주한 미군의 주둔 비용에 대해 한국
정부가 부담하는 비용이 방위비 분담금이다. 한국 정부는
1991년부터 분담금을 냈다. 2~5년 단위로 협정을 체결해
금액을 정한다. 올해 분담금은 1조 4040억 원으로 주한 미군
주둔 비용의 절반 수준이다.

11차 방위비 분담금 특별 협정

트럼프 집권 1기 때인 2019년 8월, 한국과 미국은 11차 방위비 분담금 특별 협정을 위한 협상을 시작했다. 2020년부터 2025년까지의 방위비 분담금을 정하는 협정이었다. 당시 트럼프는 기존 분담금의 6배인 6조 원을 요구했다. 한국 정부는 비상식적 금액을 받아들일 수 없었다. 2020년 4월 한미 협상 실무자들이 13퍼센트 인상안에 합의했지만, 트럼프는 이마저도 거부했다. 결국 협상 시한을 넘겨 주한 미군 기지에서 일하는 한국인 노동자들이 무급 휴직에 들어갔다.

바이든 정부

2020년 11월 미국 대선에서 민주당의 조 바이든이 승리했다. 2021년 1월 바이든이 취임했다. 바이든 정부 출범 46일 만인 3월 10일, 분담금 협정이 타결됐다. 2021년부터 2025년까지 5년간의 분담금을 합의했다. 2021년 분담금은 13퍼센트 인상된 1조 1833억 원으로 결정됐다. 이후부터는 한국의 국방비 인상률에 연동시켜 인상하기로 했다. 무협정 상태로

지나갔던 2020년은 2019년과 같은 수준으로 동결하기로
했다.

12차 협상

올해 3월 한미 양국은 2026년부터 적용될 12차 방위비
분담 특별 협정의 협상 대표를 각각 임명했다. 11차 협정이
끝나려면 아직 1년 9개월이 남았는데, 양국이 일찌감치
차기 협정을 위한 협상을 준비하는 것이다. 오는 11월 미국
대선에서 트럼프 전 대통령이 당선되면 다시 과도한 방위비
인상을 요구할 수 있어서 바이든 정부의 임기인 2025년 1월
전에 협상을 마치려는 의도로 분석된다.

트럼프가 재집권하면

그러나 바이든 정부 때 협정을 맺더라도 트럼프가 재집권에
성공하면 항공모함 등 전략 자산의 한반도 전개 비용을
추가로 요구하거나 지난 정부가 체결한 협정을 아예 번복할
수도 있다. 트럼프 전 대통령은 집권 1기 때 파리 기후
협약에서 탈퇴했고, 이란 핵협정에서 탈퇴했고, 냉전 시절

러시아와 체결한 중거리 핵전력 조약(INF)을 파기했다. 한국
정부에도 무역 적자를 이유로 한미 FTA 재협상을 요구한 바
있다.

철수 가능성

한편 일각에서 제기되는 주한 미군 철수 가능성은 극히 낮다.
방위비 분담금을 더 받아내기 위한 트럼프의 거래 전략이라는
평가가 주를 이룬다. 주한 미군을 철수하거나 감축하려면
미국 국방수권법에 따라 미국 의회의 동의를 얻어야 한다.
그러나 공화당과 민주당 의원 다수는 주한 미군의 필요성에
공감한다. 트럼프의 최측근들이 참여한 싱크탱크도 같은
입장이다. 미·중 갈등이 심화하고 대만 해협의 긴장이
높아지는 상황에서 주한 미군이 중국을 견제하는 핵심적
역할을 할 수 있다는 것이다.

IT MATTERS

콜비 전 부차관보는 미국은 최대 위협으로 부상하는 중국에
집중하고, 북한에 대한 위협은 한국이 스스로 책임져야

한다고 주장한다. 다시 말해 주한 미군의 성격이 변화할 수
있다. 또 콜비 전 부차관보는 "미국이 그저 북한을 해결하기
위해 미국 도시 여러 개를 잃는 것은 합리적이지 않다"며
"한국의 핵무장을 배제하지 않는다"고도 했다. 트럼프가
재집권에 성공할 경우, 방위비 분담금만 문제가 되는 게
아니다. 분담금 인상과 함께 주한 미군의 역할 변화가
본격화하면 워싱턴과 한국 정가에서 한국 자체 핵무장론이
부상할 수 있다.

군대라는 낭떠러지

일본이 대대적인 군사력 증강에 착수하면서 여성 군인을
모으기 위해 고군분투하는 중이다. 군 내 성폭력 사건이
잇따르면서 입대를 신청하는 여성의 수는 2023년 3월 말
기준 12퍼센트 감소했다. 일부 피해자들은 군 내 괴롭힘
문화가 여성의 자위대 가입을 단념시킬 수 있다고 지적했다.
김혜림이 썼다.

인구 감소, 저출생으로 인한 군 인력의 감소는 예정된
미래다. 국제 정세는 날이 갈수록 험악해진다. 한국보다 10년
이른 시간을 사는 일본은 미래의 모습을 그려 보기에 좋은
레퍼런스다. 여성 징병제와 모병제가 논의되는 한국에 현재의
일본이 던지는 교훈은 무엇일까. 우리의 제도 논의는 어쩌면
군인이 아니라, 군인이 되지 못한 이들만 바라봐 왔을지
모른다.

3200억 달러

2022년 12월, 일본은 대대적인 군사력 증강 계획을 발표한다.
2차 세계대전 이후 최대 규모였다. 러시아의 우크라이나
침공으로 인해 전쟁 공포가 고조되는 가운데, 일본은 중국을
타격할 수 있는 미사일을 구매하겠다고 밝혔다. 지속적인
분쟁에 대비하기 위해 3200억 달러를 투자하겠다고도
덧붙였다. 평화주의 국가였던 일본은 이 5개년 증강 계획으로
인해 미국과 중국에 이어 세계에서 세 번째로 큰 군사비를
지출하는 국가가 됐다.

2020년 6월 18일 한국군이 파주 비무장지대 인근에서 훈련에 참가하고
있다. 사진: Seung-il Ryu, Getty Images

적절한 시행

2008년 일본 함대를 지휘했던 코다 요지 전 해상자위대
제독은 다음과 같은 평을 남겼다. "이번 계획은 일본에 새로운
방향을 제시하고 있다. 적절히 시행된다면 자위대는 세계
최고 수준의 군대가 될 것이다." 코다 요지가 말한 '적절한
시행'을 막는 것은 다름 아닌 군 내 부조리였다. 군 내에서
반복된 성희롱 사건으로 인해 자위대 입대를 신청하는 여성의
수가 줄었다. 정부가 임명한 연구 패널은 지난 8월 발표한
보고서를 통해 성희롱과 괴롭힘, 그에 대한 미비한 감독이
군 내 문제의 주요 원인임을 밝혔다. 세계에서 세 번째로 큰

군사비도 군 내 괴롭힘 문제를 해결하지는 못한다.

　　　　　1400건과 2분

일본 자위대 내 성폭력 문제가 가시화한 사건은 2022년
있었던 고노이 리나 전 일본 자위대 대원의 기자회견이었다.
고노이는 2020년부터 부대 내에서 원치 않는 신체 접촉 등에
시달렸다. 공론화 시도가 원활히 진행되지 않자 고노이는
유튜브를 통해 자신이 겪은 일을 폭로했다. 사건에 대한 본격
재조사가 이뤄졌다. 자위대에는 2개월 만에 1400건의 피해
신고가 접수됐다. 일본 국방부는 성 관련 교육을 강화하겠다
밝혔지만 여섯 명의 전문가는 해당 교육이 효과적이지 않은
'일반적이고 피상적인 진술에 해당한다'고 결론 지었다.
로이터통신이 참석한 두 시간짜리 교육에서는 불과 2분
정도가 성 교육에 할애됐다 실질적인 문제 해결이 이뤄지지
못한 셈이다.

　　　　　15배

한국의 상황도 크게 다르지 않다. 군인권센터가 발표한

2022년 연례보고서에 따르면 발생한 군 성폭력 사건 중 여성
피해자는 45퍼센트, 남성 피해자는 55퍼센트를 차지했다.
여군의 수가 적다는 걸 고려한다면 여군의 성폭력 경험
비율이 훨씬 높은 셈이다. 피해의 정도가 상대적으로 강한
강간 사건의 경우 피해자 17명 중 여성이 15명이었다.
물론 남성에게도 현실은 가혹하다. 군대에서 발생하는
성폭력으로 인한 신고 상담이 급증한다. 2019년 90건, 2020년
131건이었던 상담 신고는 2022년 1329건으로 늘었다.
3년 만에 15배 증가한 셈이다. 관련 교육은 약화하고 있다.
올해부터 병사들을 대상으로 한 성 인지 교육에서 민간 전문
강사가 제외됐다. 군의 특수성을 이해하는 전담 교관이 맡는
게 낫다는 판단인데, 교육의 질적 수준이 낮아지고 폐쇄성이
강화될 것이라는 지적이 나온다.

　　　　사람이 없다

여자만 없는 게 아니다. 일본 자위대 정수는 2022년 기준으로
24만 7154명이지만 실제 배치 인원은 23만 3341명에
불과했다. 1만 3000여 명 부족한 수치다. 급기야 방위성은
문신을 한 사람에게도 자위대 입대를 허용하는 방안, 외국인

용병을 검토하기도 했다. 전문가들은 미래의 자위대가 일부 기능을 민간에 위탁할 수밖에 없을 것으로 전망했다. 심각한 수준의 저출생과 인구 절벽을 마주한 한국의 상황은 어떨까. 2018년 기준 39만 1000명이었던 현역병은 2031년부터 18만 명 이하로 감소할 전망이다. 한국 역시 일본과 마찬가지로 병력 감소에 대비해 2027년까지 여군 비율을 15.3퍼센트까지 끌어 올린다는 구상을 내놨다. 일본 자위대가 더 많은 여군을 유치하려는 이유도 이 때문이다. 군인이 되고자 하는 이들이 줄어든다. 더 나이 든 사람들, 더 많은 여성이 유일한 대안처럼 비친다.

　　　좋아진 군대

한국에서는 제도에 대한 논의가 오갔다. 실질적 변화도 있었나. 2023년, 병장 월급이 100만 원으로 올랐다. 2025년까지는 150만 원으로 오를 예정인 데다가, 전역 때까지 매달 지원하는 내일 준비 적금을 합치면 최대 월급은 205만 원이 된다. 육군은 2023년을 급식 혁신의 해로 정했고, 생활관을 쾌적하게 바꾸겠다 선언했다. 의복류로는 브랜드 신발과 기능성 속옷을 보급할 계획이라고 밝혔다. 휴대전화 사용 시간도 늘어난다. 이렇게 보면 군대는 분명 "좋아졌다."
그럼에도 불구하고, 아직 군대는 국적을 포기해서라도
가고 싶지 않은 곳이다. 그로 인해 빚어지는 사회적 충돌과
갈등도 적지 않다. 마음이 급해진 국가는 이제 '좋은 군대'를
만들기보다 '가야만 하는 군대'를 만들어야 하는 상황에
놓였다.

방안

정부의 셈법은 그동안 군대에 가지 않아도 됐던 이들을 징집
망 안에 포섭시키는 안이었다. 정부는 지난 1월 병역 판정
신체검사 등 검사 규칙 개정안을 입법 예고했다. 해당 법안에
따르면 트랜스젠더 여성이 6개월 이상 여성 호르몬 치료를
받지 않으면 공익요원으로 근무해야 한다. 파격적인 원칙들도
함께 논의된다. 이준석 개혁신당 대표, 총선 당시 신당
창당을 준비하던 류호정 의원과 금태섭 전 의원이 제안했던
모병제 및 여성 징병제가 대표적이다. 한계는 명확하다.
남북 대치라는 특별한 상황으로 인해 안정적 병력 운영이
불가능하다는 지점, 사회적 공감대와 합의가 먼저 선결돼야
한다는 지점이 장애물로 꼽힌다. 합의는 요원하고 제도의

한계는 명확하다. 그 와중에도 군대와 관련한 문제는 끊이지
않는다.

IT MATTERS

군대와 관련한 제도 개선 논의, 발생한 사건을 해결하려는
뒤늦은 시도는 많다. 지금 군대가 마주한 문제의
심각성만큼이나 말이다. 다만 제도는 여성을 군대에 보내야
할지, 말아야 할지. 혹은 모든 남성을 군대에 보내야 할지를
논의하는 데 그쳤다. 이런 논의는 파격적이고 시끄럽지만,
군대 문화 자체가 처한 위기를 해결할 수는 없다. 지금까지의
제도는 군인이 되지 못한 이들만 봤다. 이미 군인이 된 이들을
보지 못했다. 군 내 부조리는 개인의 고발로, 시민단체의
희생으로, 몇몇 이름과 사건으로 잠시 가시화될 뿐이었다.
2024년 3월 국방부 중앙전공사상심사위원회가 고(故)
변희수 하사의 사망을 순직으로 결정했다. 군인권센터는
"군이 성 소수자에게 안전한 공간이 될 수 있도록, 다시는
이러한 비극이 벌어지지 않도록 남은 숙제를 풀어
가겠다"라고 밝혔다. 고(故) 이예람 중사를 2차 가해한
중대장과 군검사는 징역 1년 판결을 받았다. 지금은 여성

징병제를, 모병제를 논의할 때가 아니다. 군대 문화라는
낭떠러지를 붙잡고 있는 이들을 들어올려야 하는 때다.
일본의 한 여성 군인은 현재 일본의 군 시스템에 대해 다음과
같이 비판했다. "아무도 문제를 막기 위해 조처하지 않았기
때문에 다음 세대에게 전해졌다." 일본의 사라진 12퍼센트의
여군은 세대를 타고 전해진 전통의 결과였다. 우리도 어쩌면
파편적인 논의 속에 갇혀 이미 소중한 시간을 허비했을지
모른다.

피처

단편 소설처럼 잘 읽히는 피처 라이팅을 소개한다. 기사 한 편이 단편 소설 분량이다. 깊이 있는 정보 습득이 가능하다. 내러티브가 풍성해 읽는 재미가 있다. 정치와 경제부터 패션과 테크까지 고유한 관점과 통찰을 전달한다.

단편 소설처럼 잘 읽히는 피처 라이팅을 소개한다. 기사 한 편이 단편 소설 분량이다. 깊이 있는 정보 습득이 가능하다.

내추럴 와인의 톡 쏘는 모험

표준화된 현대 와인의 대척점에 내추럴 와인이 있다.
비일관성, 불순물, 강한 향, 병 속으로 들어가곤 하는 포도
줄기 조각과 이스트로 대표되는 내추럴 와인의 특징은 상업
제품의 특색 없고 단조로운 '완벽함'의 대안이 되고 있다.
미세한 비대칭이 수제 가구의 차별화 요소가 되듯, 내추럴
와인은 전통적인 와인업계의 위계질서를 뒤집거나, 적어도
그것을 무시해도 좋다고 말하며 젊은 세대에게 인기를 끌고
있다. 내추럴 와인 운동의 태동과 흐름, 현대 와인 산업의
트렌드를 살펴본다. 저자 스티븐 부라니(Stephen Buranyi)는
영국의 작가이며 면역학 분야의 전 연구원이다.
역자 김준섭은 서울외국어대학원대학교에서 순차 통역 및
번역을 전공했다. 현재 정부 기관, 국내외 단체 및 기업을
고객으로 하는 전문 번역가로 활동하고 있다.

와인 산업, 잘못된 길로 가고 있나?

2011년에 당시 세계 최고의 레스토랑으로 선정된 덴마크 코펜하겐의 노마(Noma)에서 운 좋게 식사를 할 기회가 있었다면 노마의 시그니처 요리를 맛봤을 것이다. 익히지 않은 북해산 맛조개 한 점에 거품을 낸 파슬리 소스를 두르고 서양고추냉이 가루를 올린 요리다. 겨울철의 혹독한 노르딕 해안선을 연상시키려 한 이 요리는 기술적으로나 개념적으로나 경이로움 그 자체였다.

하지만 정작 요리보다 더 눈에 띈 것은 함께 나온 한 잔의 음료였다. 탁하고 산미가 두드러진 화이트 와인이었는데, 프랑스 루아르 밸리의 이름 없는 와이너리에서 생산된 것으로 당시 병당 8유로 정도면 구입할 수 있었다. 300유로짜리 메뉴와 함께 내놓을 와인으로는 분명 특이한 선택이었다. 이 와인은 농약이나 화학 비료, 방부제를 일체 사용하지 않고 만든 이른바 ‘내추럴 와인’으로서 한 세대에 걸쳐 와인 업계 최대의 갈등을 촉발시킨 운동의 산물이다.

내추럴 와인은 인기가 높아지면서 코펜하겐의 노마, 산세바스티안의 무가리츠(Mugaritz), 런던의 히비스커스(Hibiscus) 등 세계적으로 유명한 레스토랑 여러

곳에서 주요 메뉴에 올랐다. 뿐만 아니라 전통적인 와인들이 지나치게 가공되어 왔으며 현지 재료의 사용을 중시하는 식문화에 부응하지 못하고 있다고 믿는 소믈리에들도 내추럴 와인을 지지하고 있다. 최근 연구에 따르면 현재 런던 소재 레스토랑들이 보유한 와인 리스트의 38퍼센트가 최소 한 병 이상의 유기농 와인, 바이오다이내믹 와인 또는 내추럴 와인을 갖추고 있다(항목은 겹칠 수 있다). 2016년에 비해 세 배 이상 늘어난 수치다. 2017년 《타임스(The Times)》는 '내추럴 와인의 유행'이라는 기사에서 "내추럴 와인의 기묘하면서도 놀라운 맛은 온갖 종류의 향과 특이한 맛으로 당신의 감각을 뒤흔들 것"이라고 평했다.

내추럴 와인 시장의 성장과 함께 이를 견제하는 적도 생겨났다. 내추럴 와인을 폄하하는 많은 이들에게 내추럴 와인은 일종의 러다이트 운동이자 포도 재배의 백신 거부 운동이다. 지난 한 세기 동안 과학이 애써 근절해 온, 사과주 맛과 신맛이 나는 결함 와인을 높이 평가하는 운동 말이다. 이들의 관점에서 내추럴 와인은 진보를 역행하여 로마 소작농의 입맛에나 맞는 와인으로 회귀하려는 트렌드다. 영국 시사 주간지 《스펙테이터(The Spectator)》는 내추럴 와인을 '상한 사과주 혹은 부패한 셰리주'에 비유했고 《옵저버(The

Observer)》는 '울고 싶을 정도로 톡 쏘는 신맛'이라고 평했다.
일단 자신이 무엇을 찾는지만 알면 내추럴 와인을 구별하기란
어렵지 않다. 내추럴 와인은 전통적인 와인에 비해 강한
냄새와 탁한 색, 풍부한 과즙, 강한 신맛, 대체로 실제 포도
맛에 충실한 것이 특징이기 때문이다. 어떤 의미에서 내추럴
와인은 6000년 전 인간이 최초로 와인을 빚기 시작했을 때
인간을 매료시켰던 핵심 요소로의 회귀를 상징한다. 내추럴
와인 옹호론자들은 와인 제조 방식에서부터 좋고 나쁜
와인에 대한 비평가들의 기준에 이르기까지 오늘날 1300억
유로(171조 917억 원) 규모 와인 산업의 거의 모든 것이
윤리적, 생태적, 심미적으로 잘못됐다고 주장한다. 그들에게
포부가 있다면 지난 수십 년간 와인 업계의 호황과 함께
생겨난 인위적인 요소들을 걷어 내고 와인이 본연의 모습을
되찾도록 하는 것이다.
하지만 와인 비평가들 사이에는 그들이 평생을 바쳐 지켜
온 규범과 위계질서를 내추럴 와인 운동이 허물려고
한다는 의혹이 깊이 자리 잡고 있다. 이런 전통주의자들을
특히 분노케 하는 것은 실제 내추럴 와인이라고 하는 것이
모호하다는 사실이다. 프랑스의 저명한 와인 비평가 미셸
베딴느(Michel Bettane)는 "현재 내추럴 와인에 대한

합법적인 정의는 없다"고 말했다. 또 "스스로 존재한다고
하니 그런 것이다. 내추럴 와인은 한계 생산자들이 만들어
낸 공상이다"라고 덧붙였다. 세계에서 가장 영향력 있는
와인 비평가 로버트 파커(Robert Parker)는 내추럴 와인을
'불확실한 사기'라고 했다.

하지만 엄격한 규칙이 없다는 점은 내추럴 와인
옹호론자들에게는 매력적인 요소다. 최근 런던에서 열린
내추럴 와인 박람회에서 만난 와인 제조자들은 달의 주기에
맞춰 포도를 재배했고 컴퓨터를 사용하지도 않았다. 어떤
사람은 조지아산맥의 야생 포도나무에서 수확한 포도로
와인을 만들었다. 한 부부는 옛 스페인의 와인 양조법을
부활시켰는데 커다란 투명 유리병에 와인을 담고 바깥에
두어 햇볕을 쬐도록 했다. 또 어떤 이들은 고대 로마 시대의
선조들이 그랬듯이 손으로 빚은 점토 항아리에 와인을 담아
숙성시키고 항아리를 땅에 묻어 낮은 온도를 유지했다.
루아르 밸리 출신의 세바스티앙 히포(Sebastien Riffault)는
창립 10년을 맞은 내추럴 와인 협회(L'Association des
Vins Naturels)를 이끌고 있다. 그는 '아무것도 첨가하지
않고 한 세기 전 방식으로 와인을 만드는 것'이 자신의
기본 양조 방식이라고 밝혔다. 이는 손으로 직접 수확한

유기농 포도만을 사용하고 포도밭에서 채집한 야생
이스트(효모균)로 천천히 발효시키는 것을 의미했다(대다수
와인 제조자들은 실험실에서 배양한 이스트를 사용하는데
'F1 경주용 자동차와 마찬가지로 발효 속도를 높이는 것'이
목적이라고 히포는 설명한다). 와인에 항균성 화학 첨가제를
전혀 넣지 않으며 모든 내용물은 필터링 작업을 거치지
않고 병입된다. 그 결과 히포의 와인 상세르(Sancerre)는
짙은 호박색을 띠고 당도가 높으며 결정화된 꿀과 절인
레몬 맛이 난다. 훌륭한 와인이긴 하지만, 프랑스 정부 공식
가이드라인의 상세르 와인에 대한 묘사인 '신선한 시트러스와
흰 꽃' 향에 '연노란색'과는 거리가 멀다. "모두를 만족시킬
와인은 아닙니다. 패스트푸드처럼 만들지도 않았죠. 하지만
100퍼센트 순수한 와인입니다"라고 히포는 말했다.
불과 20년 전만 해도 히포를 비롯해 그와 생각을 같이하는
이들은 무시를 당했다. 하지만 이제 그들은 주류 시장에서
기반을 확보했고 그들의 접근 방식은 우리가 알고 있는
와인을 크게 바꿔 놓을 수 있다. 부르고뉴 지방의 내추럴 와인
제조자 필립 파칼레(Philippe Pacalet)는 이렇게 말했다.
"우리 모두 고전을 면치 못했습니다. 사람들이 내추럴 와인을
받아들일 준비가 되지 않았던 거죠. 하지만 셰프들이 바뀌고

소믈리에들이 바뀌고 모든 세대의 생각이 바뀌었어요. 이제는
내추럴 와인을 받아들일 준비가 된 겁니다.”

농약과 화학 비료 범벅인 포도밭

와인이 더욱 자연적이어야 한다는 생각은 얼핏 보기엔
터무니없다. 병 라벨에 드러나는 와인의 도상학은 구불구불한
초록빛 언덕과 마을의 수확 풍경, 천천히 셀러(cellar, 포도주
저장실)를 거닐며 신비로운 발효 과정을 확인하는 양조자 등
평온한 세계를 보여 준다. 포도는 새로운 모습으로, 하지만
비교적 순조롭게 와인 잔에 도달한다.

하지만 내추럴 와인 옹호론자들이 지적하다시피 오늘날
와인 대부분의 생산 방식은 그림 속 풍경과는 완전히 다르다.
포도밭은 농약과 화학 비료 범벅이다. 병충해에 취약하기로
악명 높은 포도를 지키기 위해서다. 프랑스 정부의 2000년
보고에 따르면 전체 경작지에서 포도밭이 차지하는 비중은
3퍼센트에 불과했지만 포도밭에서 사용된 농약은 전체의
20퍼센트를 차지했다. 2013년 연구 결과에 따르면 프랑스
슈퍼마켓에서 판매하는 와인의 90퍼센트에서 농약 성분이
검출되었다.

상황이 이러하자 몇 안 되는 포도밭에서 유기농 경작을
도입했고 그 수는 점점 늘어나고 있다. 하지만 포도 수확
이후의 과정은 달라지지 않았다. 유기농 포도를 사용한다고
해도 내추럴 와인 지지자들 입장에서 끔찍한 것은
마찬가지다. 오늘날의 와인 제조자는 실험실에서 배양한
강력한 이스트에서부터 항균제, 산화 방지제, 산도 조절제,
필터링용 젤라틴, 심지어 산업용 기계 장비에 이르기까지
매우 다양한 도구를 이용할 수 있다. 와인은 칼슘·포타슘
결정이 형성되지 않도록 주기적으로 전기장을 통과하게 된다.
공기를 첨가하거나 차단하기 위해 다양한 가스도 주입된다.
또 역삼투압 방식으로 와인을 구성하는 액체 성분을 분리해
더욱 만족스러운 알코올-포도즙 비율로 재구성한다.
내추럴 와인 제조자들은 이 중 어느 것도 필요하지 않다고
생각한다. 사실 와인 제조의 기본은 어이가 없을 정도로
단순하다. 바로 잘 익은 포도를 한데 모아 잘 으깨는 것이다.
포도 표피의 이스트가 과육 속의 달콤한 포도즙과 만나면
당분을 먹어 치우기 시작한다. 이스트는 공기 중으로
이산화탄소 거품을 방출하고 혼합물에 알코올을 분비한다.
이 과정은 더 이상 당분이 남아 있지 않거나 이스트가
살아남지 못할 정도로 주위의 알코올 농도가 높아질 때까지

계속 진행된다. 엄밀히 말하면 이 시점에서 와인은 이미
완성된 것이다. 인간이 최초로 와인을 빚은 이후 오랜 세월을
거치면서 와인 제조는 고도의 기술이 되었지만 근본적인 화학
작용은 변하지 않았다. 발효는 불가분의 단계이다. 무슨 일이
있어도 발효 이전에는 포도즙이고 발효 이후에는 와인이
된다.

일러스트: Pete Gamlen

"포도나무와 사람 사이에서 가장 중요한 것은 이스트예요."
파칼레가 경건한 말투로 내게 말했다. "토양의 속성을
표현하고 싶다면 생태계를 이용하면 됩니다. 만약 산업
기술을 이용하게 되면 설령 단순한 작업이라 할지라도 산업

제품을 만드는 것이죠." 그의 말처럼 다소 영적인 관점에서
봤을 때 와인 제조자가 해야 할 일은 포도를 건강하게 키우고
발효 단계까지 관리하되 개입은 최소화하는 것이다.
이는 현대 와인 제조자들이 지금껏 상품을 통제할 수
있도록 해주었던 제조 방법을 포기해야 한다는 얘기다.
더 극단적으로 말하면 특정 지역의 와인은 언제나 특정한
맛이 나야 한다고, 또 와인 제조자는 마치 지휘자처럼
청중이 기대하는 음을 연주할 때까지 와인의 다양한 요소를
적극적으로 부각시키거나 억제해야 한다고 요구하는 주류
와인 문화의 기대를 버려야 한다. "상세르는 상세르다운 맛이
나야 합니다. 품질은 그 다음 문제죠." 영국 멤버십 와인 클럽
67 폴 몰(Pall Mall)의 로난 세이번(Ronan Sayburn) 마스터
소믈리에는 말한다.
여전히 와인 업계의 문화적·상업적 중심지인 프랑스에서
수용 가능한 와인 제조 방식은 단순히 역사와 관습의
문제가 아니라 법제화되어 있다. 특정 지역에서 생산한
와인임을 표시하려면 사용 가능한 포도 품종과 생산 기법,
생산된 와인에서 나는 맛에 관한 엄격한 지침을 반드시
준수해야 한다. 이때 소사핀과 블라인드 테이스팅 패널이
AOC(Appellation d'Origine Contrôlée, 원산지 명칭 통제)

또는 PDO(Protected Designation of Origin, 원산지 명칭
보호)라고 하는 인증 절차를 진행한다. 이 기준을 충족하지
못하는 와인에는 '뱅 드 프랑스(Vin de France)'라는 라벨이
붙는다. 이는 낮은 품질의 와인임을 가리키는 일반 명칭으로
구매자 입장에서는 매력이 떨어질 수밖에 없다.

일부 내추럴 와인 제조자는 이 인증법에 반기를 들어 왔다.
해당 법이 와인을 망가뜨리고 있는 지배적인 제조 방식과
방법에 오히려 힘을 실어 주고 있다는 생각에서다. 내추럴
와인을 만드는 올리비에 꾸장(Olivier Cousin)은 2003년에
지역 AOC를 탈퇴하기로 했다. 그는 내게 보낸 편지에서 AOC
기준을 충족하려면 포도밭에 기계를 들이고 이산화황과
효소, 이스트를 첨가하고 살균 및 필터링 작업까지 해야
한다고 불만을 털어놨다. 그는 자신이 만든 와인의 산지명
'앙주(Anjou)'를 포기하지 않고 계속 사용하다 원산지 표시
위반으로 기소되기도 했다. 그러자 꾸장은 사람들의 이목을
끄는 퍼포먼스를 벌였다. 법정 계단까지 짐수레 말을 타고
가서는 문제가 된 자신의 와인을 행인들에게 나누어 준
것이다. 하지만 결국 그는 와인 라벨을 바꿔야 했다.

아버지로부터 포도밭 몇 곳을 물려받은 밥티스트(Olivier
Baptiste)는 'AOC는 거짓말쟁이들'이라며 "애초 소규모

생산자들을 보호하기 위해 만든 원산지 표시가 오히려 와인의
질만 떨어뜨리고 있다"고 덧붙였다.

더 이상 나쁜 빈티지는 없다

특정 지역의 와인에서 어떤 맛이 나야 하는지에 대한
기대감은 수백 년을 거슬러 올라간다. 하지만 그 기대감을
바탕으로 세워진 전 세계 와인 산업은 대체로 지난 세기의
산물이다. 만약 내추럴 와인이 무언가에 대한 반발이라면,
와인 제조의 전통적인 방식을 시장의 규모와 수요에 맞출
수 있다는 생각에 대한 반발일 것이다. 경제적 성공과 함께,
세계화는 와인 산업을 활기 없고 대중 영합주의적인 순응으로
서서히 몰아가고 있다.
프랑스는 오랜 세월 동안 와인 산업의 중심이었지만
20세기 중반까지만 해도 대부분의 포도밭은 소규모였고
수작업 의존도가 높았다. 내추럴 와인 제조자들이 보기에
와인 업계의 상황이 악화되기 시작한 것은 제2차 세계
대전이 끝나고 수십 년이 지난 뒤였다. 프랑스의 포도밭이
현대화되고 와인 산업이 글로벌 경제의 거대 산업으로 성장한
시기다. 환멸을 느낀 내추럴 와인 제조자들 입장에서 보면

91

와인 산업의 기술적·경제적 성공담은 어쩌다 와인이 길을
잃게 되었는지를 보여 주는 비극적인 이야기가 아닐 수 없다.
제2차 세계 대전 이전만 해도 프랑스 내의 트랙터 수는 3만
5000대에 불과했다. 이후 20년 동안 그 수가 백만 대 이상
늘어났고, 미국산 농약과 화학 비료를 이용할 수 있게 되었다.
그와 동시에 양조학자들은 과학의 힘을 빌려 와인의 질을
향상시켰다. 특히 두 양조학자 에밀 뻬노(Emile Peynaud)와
파스칼 리베로-가용(Pascal Ribéreau-Gayon)은 부단한
연구를 통해 양조학의 학문적 정통성을 최초로 확립했고
실험실과 양조 현장 사이에 가교를 놓았다. 뻬노는 "지금까지
우리는 그저 우연히 훌륭한 와인을 만들었다"고 단언했다.
앞으로는 더욱 철저하게 와인을 만들게 될 것이라는 의미다.
뻬노는 와인 제조 방식의 표준화에 기여했다. 그의 업적
가운데 가장 단순하면서도 위대한 것은 와인 제조자들이 더
나은 품질의 포도를 수확하고 더 위생적인 설비를 사용하도록
한 것이다. 그 외에도 산성도(pH), 당도, 알코올 농도 등에
대한 시험을 개척하여 대중화했다. 이는 와인 제조에
예전에는 없던 과학적 명확성을 가져다주었다.
와인 제조 방식의 현대화는 엄청난 성공을 가져왔다.
1970년대 말 프랑스 와인의 총 수출액은 10억 달러였다.

불과 20년 전에 비해 10배 가까이 늘어난 데다, 경쟁국인 이탈리아와 스페인, 포르투갈의 와인 수출액을 전부 합친 것보다 많은 금액이다. 와인 시장이 커지자 다른 나라들도 앞다투어 프랑스 모델을 모방했다. 프랑스 출신 기술자들과 컨설턴트들은 전 세계의 신규 와이너리에 고용되어 양조학과 전통 프랑스 양조 방식을 전수했다. 그중에서도 가장 영향력 있는 컨설턴트 미셸 롤랑(Michel Rolland)은 한때 전 세계 100여 곳의 고객과 일하기도 했다.

와인 생산에 뛰어드는 나라가 늘어나면서 모두 프랑스 방식대로 와인을 제조했다. 프랑스 와인의 왕이라 불리는 보르도 지역의 품종 카베르네 소비뇽(Cabernet Sauvignon)과 메를로(Merlot)는 칠레에서 캐나다에 이르기까지 전 세계의 새로운 포도밭에서 경작되었다. 수익과 명성 측면에서 프랑스의 뒤를 이어 큰 격차로 세계 2위 자리를 지켜 온 이탈리아조차 토스카나 지역에서 재배한 프랑스 전통 품종으로 보르도식 와인을 만들었고, 국제 와인 경연 대회에서 여러 차례 수상했다.

1980년대 이후, 묵직한 맛과 약간의 단맛, 높은 알코올 도수가 특징인 보르도식 와인은 프랑스 컨설턴트의 도움으로 계속해서 전 세계 와인 시장을 장악해 나갔다. 보르도식 와인은 새로운 세대의 비평가들로부터 사랑을 받았다.
그중 한 명이 바로 막강한 영향력을 지닌 로버트 파커다.
자칭 '소비자 권익 옹호론자'인 그는 미국 메릴랜드의 자택
사무실에서 해마다 1만 병의 와인을 시음하는데, 그의 추천에
따라 와인 제조자의 한 해 성패가 좌우되기도 한다[영국의
와인 비평가 휴 존슨(Hugh Johnson)은 전 세계 와인
업계의 성쇠를 좌지우지해 온 로버트 파커를 가리켜 '제국적
패권주의'에서 탄생한 '미각의 독재자'라 평했다].
파커와 동료 비평가들이 높이 평가한 종류의 와인은 국제주의
스타일로 알려지게 되었다. 이 표현에는 경멸의 느낌이 섞여
있다. 특색 없는 국제주의로 인해 와인의 종류와 산지 사이의
연결 고리가 끊어졌다는 느낌 말이다. 사실 이 같은 비판은
반박하기가 어려웠다. 한 가지 예로 1970년대 이후 이탈리아
토착 품종의 경작 면적은 절반으로 감소하고 프랑스 전통
품종이 그 빈자리를 채웠다.
1990년대 초 프랑스의 연간 와인 수출 규모는 40억 달러를
상회했는데, 이는 여전히 이탈리아보다 두 배 이상, 미국과
호주, 남미 전역 등의 신규 경쟁국에 비하면 10배 이상 많은
금액이다. 또한 제조 방식 측면에서도 모두가 여전히 프랑스
방식을 따랐다. 오늘날 미국이나 영국에서 판매하는 가장

저렴한 레드 와인을 보더라도 여러 가지 측면에서 프랑스 와인의 우위를 확인할 수 있다. 훈연한 나무 칩을 와인에 띄워 프랑스산 오크통의 바닐라와 스파이스 향이 나도록 하고, 설탕과 자주색 착색제를 섞어 양질의 보르도 와인이 지닌 부드러운 단맛과 짙은 색깔을 흉내 냈을 가능성이 높다. 1990년대 들어 보르도의 와인 제조자 브루노 프라(Bruno Prats)가 한 것으로 알려진 말은 주요 와인 매체에 거듭 실렸고, 마치 신성한 주문이라도 되는 양 와인 투자자들 사이에 회자되었다. "더 이상 나쁜 빈티지는 없다"는 발언이었다. 경작 및 양조 기술의 발전이 자연을 거의 정복했다는 의미다. 2000년, 지금은 고인이 된 와인 저널리스트 프랭크 프라이얼(Frank J. Prial)은 《뉴욕타임스》에 다음과 같이 기고했다. "사실을 말하자면 전 세계 와인 제조자들은 셀러와 포도밭에서 더 이상 빈티지 차트(연도별로 와인 제조에 적합한 해였는지 아닌지를 고려하여 비평가가 작성한 기록)가 필요하지 않게 되었다." 냉전 종식으로 일부 사람들이 10년이나 일찍 '역사의 종언'을 선언한 것처럼 인류가 와인의 종착지에 도달한 듯했다. 새로운 현실을 받아들이는 것 말고는 달리 방법이 없었다.

포도나무를 몰아붙이는 방법

와인 산업이 기술을 받아들인 덕분에 와인은 그 어느 때보다
생산량이 늘어났고 수익성도 개선되었으며 앞날을 예측하기
쉬워졌다. 하지만 1980년대에 프랑스 와인이 글로벌 시장
장악의 대미를 장식하고 있을 때 와인 제조자들 사이에서
불만의 목소리가 나오기 시작했다.

후에 내추럴 와인으로 알려지게 된 것의 청사진은
부르고뉴 지방 남단에 위치한 보졸레 지역에서 나왔다.
1950년대 보졸레 지역에서는 신속하게 생산되어 시즌 초에
출시되고 저렴한 가격에 편하게 마실 수 있는 와인 '보졸레
누보(Beaujolais Nouveau)'를 만들기 시작했다. 보졸레
누보는 큰 인기를 누렸다. 게다가 1970년대 말 즈음에는 대략
뉴욕시 크기와 맞먹는 보졸레 지역에서 해마다 1억 리터
이상의 와인이 생산되었고, 호주와 캘리포니아주의 와인을
합친 것보다 많은 양이 수출되었다.

하지만 상업적으로 거둔 성공에도 불구하고 보졸레는
기술적인 와인 제조가 도를 넘은 비참한 사례로 남았다.
《뉴욕타임스》는 와인 제조자들이 권고 수확량을 두 배로
늘리기 위해 포도나무를 '몰아붙이는' 방법(faire pisser la

vigne, 포도나무가 마치 오줌을 싸듯 많은 양의 포도즙을
만들게 하는 과정)을 사용했다며 비난했다. 단기간 내에
보졸레 누보를 생산하기 위해 와인 제조자들은 실험실에서
배양한 이스트로 발효 과정을 시작하고 대량의 유황으로
발효를 중단시키는 방식으로 일정을 앞당겨 와인을
안정화시켰다.

보졸레 지역의 소규모 반대자들은 이 같은 컨베이어벨트식의
와인 생산을 혐오했다. 이들은 마르셀 라삐에르(Marcel
Lapierre)라는 와인 제조자를 중심으로 세력을 규합했다.
라삐에르는 2010년 사망 후 '내추럴 와인의 교황'으로 널리
칭송받은 인물이다. 그의 동료들에 의하면 라삐에르는 화학
물질이 보졸레 와인의 맛을 망쳐 놓고 동시대인들이 엄청난
속도로 질 낮은 와인을 생산함으로써 "스스로의 미래를 저당
잡혔다"고 비판했다고 한다. 그는 시장의 수요와 보졸레
AOC의 제약이 와인 제조를 옥죄고 있다고 느꼈다.

라삐에르는 명확한 혁명 노선을 갖고 있지 않았지만
급진주의자였다. 또한 마르크스주의 이론가 기 드보르(Guy
Debord)와 상황주의 시인 알리스 베커-호(Alice Becker-
Ho)의 친구이기도 했다. "우리는 다른 삶을 살고 싶었고 다른
와인을 내놓고 싶었어요. 우리 자신을 존중하는 와인, 그리고

마시는 사람을 존중하는 와인 말이죠"라고 라삐에르의
조카이자 와인 제조자인 필립 파칼레가 말했다.

그들은 예상 밖의 출처에서 나온 이단적인 아이디어에
관심을 갖게 되었다. 1980년 라삐에르는 부유한 지역 와인상
쥘 쇼베(Jules Chauvet)를 만났다. 당시 70대의 쥘 쇼베는
수년간 일체의 첨가물 없이 소량으로 와인을 만들어 왔다.
화학을 전공하고 발효에 관하여 폭넓게 논문을 저술해 온
그는 건강하고 다양한 야생 이스트를 같은 포도밭에서
채취하여 사용할 때 가장 복잡하면서도 바람직한 와인의
부케(bouquet, 와인의 발효와 숙성 과정에서 생기는 향)를
얻을 수 있다고 믿었다. 이산화황은 강력한 항균제이기
때문에 쇼베는 이산화황을 비롯한 기타 첨가제가 이스트의
활동을 방해하는 '독'이 된다고 논문에서 밝혔다.

와인 제조에 있어서 쇼베가 정한 원칙은 발효 및 화학 물질
배제에 대한 그의 집착에서 나왔다. 첫째, 야생 이스트를
채취할 수 있도록 무농약 농법으로 포도를 건강하게
재배해야 한다. 둘째, 와인 제조는 느린 속도로, 매우 신중하게
진행되어야 한다. 방부제를 사용하지 않기 때문에 썩은
포도가 조금이라도 포함되어 있거나 비위생적인 설비를
사용했을 경우 전체 양조 과정이 실패로 돌아갈 수 있기

때문이다. 파칼레는 "쇼베가 우리에게 이러한 원칙과 과학적 근거를 알려 주었다"고 말하며 쇼베의 기법을 '내추럴 와인의 기초'라고 묘사했다.

이 모든 것들이 당시 사람들에게 얼마나 터무니없는 소리였을지는 두말할 것도 없다. 1980년대에 유황을 사용하지 않고 와인을 제조하는 것은 마치 로프 없이 산을 오르는 것과 마찬가지였다. 프랑스 정부는 19세기 이후로 유황의 사용을 장려하고 법률로 규정했고, 현대 양조학자들도 유황 없이 와인을 만들기란 불가능하다고 여겼다. 유황을 사용하면 발효 과정을 통제하고 박테리아에 의한 부패를 막을 수 있기 때문이다. 유황은 한마디로 와인 업계의 페니실린이라 할 만한 만병통치약이었다.

유황을 일체 사용하지 않고 괜찮은 와인을 만들 가능성은 희박해 보였지만 라삐에르와 동료들은 포기하지 않았다. 라삐에르의 일기에는 작황이 좋지 않았던 해와 빈티지 전체를 뿌옇고 신맛이 도드라지게 만든 변덕스러운 이스트, 그리고 거의 15년간의 실험 기록이 담겨 있다(쇼베는 1989년 사망했다). 결국 그는 1992년 즈음에 이르러 '인위적인 개입을 줄인' 양질의 와인을 일관되게 만들 수 있게 되었다.

불가능한 일을 해낼 수 있음을 입증했지만 라삐에르와

동료들이 거둔 성공은 낯선 것이었다. 그들은 마치 지리적·문화적 주류에서 완전히 벗어난 채 이목을 끄는 밴드 같았다. 지역 주민들의 눈에 비친 그들은 괴짜였다. 와인 저널리스트 팀 앳킨(Tim Atkin)은 푸드 매거진 《사뵈르(Saveur)》에 기고한 글에서 "등 뒤에서 그들을 비웃는 이웃들이 많았다"고 했다.

하지만 라삐에르와 동료 내추럴 와인 제조자들에게도 파리와 해외에 비록 적지만 열성적인 추종자들이 생겨났다. 그들을 대신해 기꺼이 내추럴 와인을 전파할 수 있는 사람들이었다. "1990년대에 처음 내추럴 와인을 시음했을 때 제 몸이 떠오르는 줄 알았습니다. 세상에! 쇼베의 영혼이 살아 있는 느낌이 들었어요." 2010년 《와인 스펙테이터(Wine Spectator)》와의 인터뷰에서 미국의 와인 수입업자 커밋 린치(Kermit Lynch)가 밝혔다. 일본인들도 초기에 내추럴 와인으로 전향한 열성적인 추종자들이었으며 '최초의 큰손 고객'이었다고 올리비에 꾸장은 말했다. "그들은 훌륭한 미각을 가지고 있었고 씀씀이도 컸다"고 덧붙였다.

유황을 사용하지 않고 와인 제조를 시도한 사람은 라삐에르만이 아니었다. 프랑스와 이탈리아 전역의 수많은 와인 제조자들이 비슷한 방식으로 실험을 하고 있었다.

그러나 그의 헌신과 와인 제조자로서의 능력, 쇼베의
와인 제조 과정에 대한 과학적 검증이 맞물리면서 반향이
일어났다. 오랜 기간 남모르게 기울여 온 라삐에르의 노력은
다른 수많은 와인 제조자들의 지지로 마침내 그 정당성이
입증되었다. 그들은 라삐에르의 프로토타입을 발판 삼아
그들만의 내추럴 와인 운동을 시작했고, 관습의 속박으로부터
자유로워졌으며, 와인 산업의 '문 앞의 야만인'이 되었다.

상업 제품의 특색 없고 단조로운 '완벽함'의 대안

1990년대 내추럴 와인이 보졸레 지역을 벗어나 프랑스와
유럽 전역으로 확산되자 재미있게도 반현대적인 성격을 띠게
되었다. 상당수 와인 제조자들은 하이퍼 로컬리즘(철저한
지역주의)을 수용하여 유행과는 거리가 먼 토착 품종을
심고 오래전 생산 기법을 도입했다. 루아르 밸리에 기반을
둔 한 단체는 바이오다이내믹 농법을 관통하는 신비주의를
전면에 내세웠다. 바이오다이내믹 농법은 거의 한 세기
전에 오스트리아의 오컬트 철학자 루돌프 슈타이너(Rudolf
Steiner)가 창안했다(슈타이너는 논란의 대상인 대안 학교
발도로프 학교의 창립자이다). 이 농법은 포도밭의 생물

다양성을 증진하는 데 그치지 않고 소뿔과 내장을 땅에 묻어 우주 안테나로 사용하는데, 슈타이너에 따르면 "생명을 주는 것이나 별에 관한 것이라면 무엇이든 우주로 되돌려 보내 준다"고 한다.

오랜 기간 내추럴 와인은 인기 없는 하위 장르로 남을 운명인 듯했다. 하지만 2000년대 말부터 변화의 바람이 불었고, 브루클린과 이스트 런던, 코펜하겐과 스톡홀름의 번화가에 있는 레스토랑 메뉴에 내추럴 와인이 오르내리기 시작했다. 이 새로운 종류의 와인은 더욱 폭넓고 새로운 기호와 완벽하게 들어맞았다. '내추럴'이나 '장인'처럼 모호한 용어는 세련됨의 대명사가 되었다. 소비자들은 직접 키운 식자재로 요리하는 팜투테이블(farm-to-table) 레스토랑에서 식사를 하고, 재활용 목재로 만든 가구나 인더스트리얼 가구로 집을 꾸미고 싶어 한다. 한때 프랑스 동부의 괴짜 와인 제조자 집단의 열정에 불과했던 내추럴 와인이 어쩌다 보니 쿨해진 것이다.

런던의 와인 전문가들은 2010년 즈음부터 내추럴 와인에 주목하기 시작했지만 이를 어떻게 받아들여야 할지 몰랐다. "내추럴 와인은 정의가 매우 모호하기 때문에 곤혹스러웠습니다. 정말 잘 만든 내추럴 와인도 있지만

기포가 빠지고 거품이 일고 악취가 나는 와인, 한마디로
끔찍한 와인을 만날 수도 있죠." 67 폴 몰의 로난 세이번은
말했다. 와인 매체는 내추럴 와인을 마치 지뢰밭이라도
되는 양 표현하곤 했다. 형편없이 질이 떨어지는 와인들
중에서 극히 일부만 안전한 선택인 것처럼 말이다.
《텔레그래프(The Telegraph)》의 와인 비평가 빅토리아
무어(Victoria Moore)는 '내추럴 와인 박람회에서 주의해야
할 점'이라는 제목의 2011년 기사를 통해 "단순히 와인에서
다른 맛이 나거나 예상치 못한 맛이라는 이유로 좋은 와인일
거라 생각하는 우를 범하지 말라"고 조언했다. 영국 와인
수입사 레이번 파인 와인(Raeburn Fine Wines)의 데이비드
하비(David Harvey)는 다음과 같이 회상했다. "상당수
와인 전문가들과 기고가들은 애초부터 내추럴 와인을
업신여겼습니다. 일반 와인에 대해 잘 알고 있으니 모든 걸
안다고 생각한 거죠."
내추럴 와인의 열풍이 거세지던 2011년 초, 마스터 소믈리에
로난 세이번은 영국 최대의 내추럴 와인 수입사 르 까브 드
피렌(Les Caves de Pyrene)의 더그 레그(Doug Wregg)를
웨스트 런던의 작은 바 배가본느(Vagabond)로 초청해
영국 와인 전문가들을 상대로 내추럴 와인에 대해 설명하는

자리를 만들었다. 이 자리에 참석한 12명 중에는 셰프 헤스턴 블루멘털(Heston Blumenthal)이 이끄는 레스토랑 더 팻 덕(The Fat Duck)의 소믈리에 이사 발(Isa Bal), 영국 여왕의 와인 셀러를 책임지는 《파이낸셜타임스(Financial Times)》의 와인 비평가 잰시스 로빈슨(Jancis Robinson)이 있었다. 당시 전 세계에 170명뿐이던 마스터 소믈리에 중 8명과 마스터 오브 와인 289명 중 3명이 있었다. 마스터 오브 와인은 수십 년이 걸리는 어려운 전문 과정을 졸업한 사람들로, 와인 세계의 대가다.

"설명회 자리에서 강한 적대감이 느껴졌다"고 레그는 당시 기억을 떠올렸다. 와인 비평가 로빈슨은 그 자리의 분위기를 한마디로 '못 미더움'이라고 표현했다. 그래도 몇 종은 인기가 있었다. 쥐라 지역 쟝 프랑수아 갸네바(Jean-François Ganevat)의 가볍고 신선한 샤르도네(Chardonnay) 와인은 좋은 평가를 받았다. 또 그만큼은 아니지만 루아르 남동쪽 지역의 가메 품종으로 유황을 사용하지 않고 만들었으며 톡 쏘는 맛과 후추 향, 약한 땀 냄새가 특징인 와인도 평이 괜찮았는데, 참석자 중 한 사람 이상이 휘발성 산(VA)의 악취를 느꼈다. VA는 식초 냄새가 나는 다양한 산 성분을 가리키는 약칭이다.

일러스트: Pete Gamlen

그보다 더 논쟁적이었던 시음 자리도 있었다. 《옵저버》의
레스토랑 비평가 제이 레이너(Jay Rayner)의 말이다. "그해
겨울, 런던의 레스토랑 갤빈(Galvin)에서 레그와 점심을
함께한 적이 있는데, 그 자리에서 마신 탁한 와인은 농장 마당
구석에서나 날 법한 냄새가 나더군요." 회의론자들이 품고
있는 가장 큰 의혹, 즉 내추럴 와인은 일관성이 크게 떨어지고
규정하기 어려우며 전통적인 와인과 비슷한 수준에 이르지
못했다는 의혹은 여전히 해소되지 않은 상태다. 세이번은
"내추럴 와인은 여전히 종잡을 수 없어요. 어떤 와인은
훌륭했는데 또 어떤 와인은 끔찍했거든요"라고 말했다.
참석자들 사이에서는 내추럴 와인이 팔레오 다이어트(paleo

diet, 원시 인류의 식단을 따르는 다이어트 방식)나
프로바이오틱스(probiotics, 유산균 등 인체에 유익한
미생물)와 같이 기껏해야 트렌드, 최악의 경우에는 컬트에
불과하다는 공감대가 형성되기도 했다. 추종자들이
열광적으로 전도에 나서려 했던 컬트 말이다. 그 자신도
열성적인 추종자인 레그는 다른 이들을 설득하기에 가장
적합한 사람이 아니었다. 한 참석자는 "레그와 내추럴 와인에
대해 이야기하는 것은 모르몬교도와 신에 대해 이야기하는
것과 같다"고 말했다. 다른 두 참석자는 내추럴 와인을 동화
《벌거벗은 임금님》에 비유했다.
그러나 비평가들이 불만을 갖는 내추럴 와인의 요소들은
지금 내추럴 와인의 성공을 보장하는 요소가 되었다. 2007년
토론토대학의 사회학자 호세 존스턴(Josée Johnston)과
샤이언 바우만(Shyon Baumann)은 획기적인 논문을
발표했다. 이 논문에 따르면 20세기를 거치며 고급 프랑스
요리를 의미하는 오뜨 뀌진(haute cuisine)의 영향력이
감소함에 따라 상대적으로 실용적이고 평등주의적인 미국에
뿌리를 둔 전통이 부상했다. 두 사람은 수천 건에 달하는
언론 기사를 분석한 결과 지리적 특이성, 단순함, 인간적인
관계 등과 같은 '진실성'의 특징들이 현대 음식 관련 기사에서

가장 두드러졌다는 사실을 확인했다. "진실성이라는 단어는
노골적인 속물근성과 구별할 때 사용된다"고 그들은
논문에서 밝혔다.

비일관성, 불순물, 강한 향, 병 속으로 들어가곤 하는 포도
줄기 조각과 이스트, 이 모든 것이 내추럴 와인이 상업
제품의 특색 없고 단조로운 '완벽함'의 대안임을 소비자에게
시사한다. 미세한 비대칭이 수제 가구의 차별화 요소가 되는
것과 마찬가지다. 내추럴 와인은 전통적인 와인 세계의
고루한 문화와는 달리 '숨길 것 하나 없다'는 인상을 준다.
레스토랑 와인 리스트를 마치 자신을 멍청해 보이게 할
작정으로 지리와 역사, 화학을 합쳐 놓은 끔찍한 시험 같다고
생각하는 많은 사람들에게 와인 업계의 위계질서를 뒤집거나,
적어도 그것을 무시해도 좋다는 이야기는 무척 매력적이다.
"와인의 일관성이 그다지 중요하지 않다고 마음먹는 순간 더
자유롭게 와인을 즐길 수 있게 됩니다. 와인의 결점을 찾으려
하는 대신 있는 그대로를 받아들이는 것이죠"라고 레그가
최근 내게 말했다. 우리는 영국 최대의 내추럴 와인 수입사 르
까브 드 피렌이 2008년에 문을 연 트래펄가 광장의 와인 바
떼루아(Terroirs)에 앉아 있었다. 수위를 둘러보니 옥스퍼드
셔츠나 정장 차림의 나이 지긋한 손님이 대부분이었고,

거의 모두가 10년 전만 해도 와인이라고는 생각하지 못했을 무언가를 잔이나 병으로 즐기고 있었다.

레그는 토양 유형이나 와인 제조법을 설명할 때는 꼼꼼한 사람이지만 완성된 와인을 설명할 때는 느슨하고 자유분방한 편이다. 마치 교육 과정은 잘 알고 있지만, 학생들에게는 그 교육 과정을 만든 교육 제도의 타당성에 의심을 품도록 장려하는 선동적인 교사처럼 말이다. "만약 고객이 '오, 2015년산은 2014년산과 다르네요'라고 말하면 저는 '잘됐네요'라고 답합니다. 왜냐하면 두 해는 엄연히 다른 해이니까요. 와인 제조자가 정직하게 경작했고 인위적으로 와인의 품질을 조작하려 하지 않는다면 와인의 맛은 항상 다를 수밖에 없거든요"라고 그는 말했다. 누군가 그의 얘기를 듣고 내추럴 와인의 전제를 받아들이면 그는 이어서 다음과 같이 말했다. "어떻게 보면 원점으로 되돌아간 겁니다. 모든 것이 타당해지고 모든 것이 나머지 다른 것들만큼 좋아진 거예요."

　　　이 와인은 자유롭습니다

경직된 경계는 시간이 지나면 점차 유연해지기 마련이다.

내추럴 와인도 언제까지 독자적인 시장 내에만 머물 순 없다. 시장을 넓히고 싶어 하는 내추럴 와인 제조자들도 있고, 2016년도 업계 보고서에서 지적한 '장기적인 청년 시장 축소'로 고전하는 주류 와인 제조자들은 크래프트 맥주(craft beer, 소규모 양조업체가 전통 방식으로 만드는 맥주)와 증류주에 관심이 많은 젊은이들 사이에서 인기인 내추럴 와인으로부터 교훈을 얻고 싶어 한다.

영향력 있는 소믈리에 겸 작가인 이사벨 레제롱(Isabelle Legeron)은 내게 내추럴 와인의 미래에 대한 비전을 말해 주었다. 그것은 바로 '자신이 무엇을 하고 있는지 모르는 샌들 차림의 비트족 이미지에서 벗어나는 것'이었다. 레제롱은 제품에 들어가는 것들의 기준을 보다 명확히 하고 투명성을 높이기를 주문한다. 화학 물질을 사용하지 않는 내추럴 와인 제조 과정에 도움이 될 것이라는 생각에서다. 또한 보이 클럽 시절의 불쾌한 유물인 '여성의 알몸 사진이 붙은 병'이 사라지기를 바란다(편집자 주: 포도밭 풍경이 담긴 일반 와인의 라벨과 달리, 내추럴 와인의 라벨에는 성적인 그림이 많다).

내가 제이 레이너(조심스럽게 말하자면 그는 내추럴 와인의 팬이 아니다)와 이야기를 나눴을 때 그는 내추럴 와인과 유기농 식품 운동의 성공을 비교했다. 유기농 식품은 눈에는 잘 띄지만 여전히 식품 시장의 일부만을 차지하고 있다. 그러나 유기농 식품의 부상은 주류 식품 업계가 무시할 수 없는 대조와 비평을 불러왔고, 그 결과 주류가 조금 더 유기농 성향으로 이동하게 되었다.

이와 비슷한 과정을 나는 2017년 말 세계적인 와이너리 샤토 팔머(Château Palmer)에서 발견할 수 있었다. 내추럴 와인 제조자들은 즉시 마실 수 있도록 비교적 가볍고 밝은 느낌의 와인을 만드는 경향이 있지만, 샤토 팔머에서는 밀도가 높고 무거운 바디에 그 잠재력을 충분히 끌어내려면 수십 년 이상 숙성해야 하는 와인을 만든다. 샤토 팔머는 요트, 자가용 항공기, 선물(先物) 시장에 어울리는 와인이다.

이런 와인 산업의 상층부로 내추럴 와인의 철학이 스며들고 있었다. 샤토 팔머의 CEO 토마스 뒤루(Thomas Duroux)는 보르도에 위치한 와이너리를 바이오다이내믹 농법으로 전환했다. 이를 위해 화학 비료와 농약의 사용을 중단하고 슈타이너의 생물학적 다양성 이론과 허브 치료로 대체했다. 2014년 뒤루는 "10년 내로 (보르도의) 주요 포도밭 모두가 같은 방향으로 나아가게 될 것"이라고 선언했다. 내가 그곳을 찾았을 때 맨땅 위에 포도나무 수천 그루가 늘어선 평상시의

삭막한 광경 대신, 건강해 보이는 초록색 풀이 포도나무 아래를 뒤덮은 광경을 볼 수 있었다. 젖소들은 풍부한 양의 천연 비료를 제공했고 양들은 포도나무 사이의 풀을 뜯어먹기 위해 인근 헛간에서 기다리고 있었다.

와인 제조 책임자인 사브리나 페르네(Sabrina Pernet)는 바이오다이내믹 농법으로의 전환이 단순한 마케팅 목적이 아니었음을 확인해 줬다. "소비자들은 더욱 자연적인 와인을 마시고 싶어 해요. 하지만 그것이 하나의 트렌드에 국한되지는 않아요. 지구를 훼손시키는 한 미래는 없으니까요." 지난 수년간 샤토 팔머는 와인에 첨가되는 이산화황의 양을 줄이는 실험을 해왔다. "토마스와 제가 처음으로 이산화황을 사용하지 않고 와인을 제조했을 때 그 결과는 놀라웠어요. 와인이 활짝 열려 있었고 풍부한 맛이 느껴졌거든요. 이산화황을 사용하면 닫힌 와인이 만들어지죠"라고 페르네가 말했다.

만약 이런 사례가 시장이 비판을 받아들이고 새로운 수익 모델로(내추럴 와인으로) 전환하는 것처럼 보인다면, 내추럴 와인은 몇 가지 핵심 요소 때문에 대량으로 생산할 수 없다는 점에 주목할 필요가 있다. 샤토 팔머에서 일하는 모든 사람들은 100퍼센트 내추럴 와인 농법으로 전환하려는

것이 아니라, 가능한 한 첨가물 사용을 줄이려 하는 것이라고
강조했다. "이산화황을 일체 사용하지 않으면 와인을 만들
수 없습니다. 저는 와인에 거품이 생기는 걸 바라지 않아요.
깔끔한 와인이 좋거든요"라고 뒤루 CEO는 말했다. 게다가
소규모의 내추럴 와인 생산자들과 달리 상자당 2000유로
이상의 가격을 받고 1만 상자를 팔기 때문에 실수는 용납되지
않는다.

"그게 바로 대형 와이너리의 문제죠." 샤토 팔머 남쪽으로
50킬로미터 떨어진 마르띠약(Martillac) 마을의 와인 제조자
시릴 두브레이(Cyril Dubrey)는 말한다. "와인 몇 통을
잃더라도 별문제 없다고 생각하거나, 자신이 만든 와인을
그냥 받아들여야 합니다"라고 그는 덧붙인다. 두브레이가
만든 와인은 신선하고 풍부하며 약간의 흙냄새가 난다. 샤토
팔머 와인이 지닌 밀도와 힘에는 크게 못 미치지만 그래도
맛이 매우 훌륭하고, 그의 DIY 농법에 충실하다. 두브레이의
작은 포도밭은 이웃집 마당의 농구 골대와 수영장과 맞닿아
있다.

"머리와 가슴 모두 자유로워야 합니다." 차분한 만족감 속에서
두브레이가 말했다. 그는 주류 와인 가문 출신이며 인근에서
양조학을 전공했다. 그는 전통을 버린 것을 결코 후회한 적이

없다. "저는 여기서 만든 와인이 자랑스럽습니다. 포도 외에는 아무것도 첨가하지 않았지요. 이 와인은 자유롭습니다."

지금 우리에게 필요한 건 롤모델이 아니라 레퍼런스다. 테크, 컬처, 경제, 정치, 사회 등 다양한 분야에서 활동하고 있는 혁신가를 인터뷰한다. 사물을 다르게 보고, 다르게 생각하고, 세상에 없던 것을 만들어 내는 사람들을 만난다. 혁신가들의 경험에서 내 삶을 변화시킬 레퍼런스를 발견한다.

나라는 동력, 시선이라는 땔감

모두의 꿈인, 또 내 꿈의 일부였던 직장에 입사한다면 어떤
기분일까. 세상을 다 가진 기분일 수도, 또 때로는 부담되는
분기점의 시작일 수도 있을 테다. 애니메이터 에릭 오는
전 세계의 애니메이터들이 선망하는 '픽사'에서 작업했다.
픽사를 학교로 생각하던 그는 퇴사 후 자신만의 작품 세계를
전 세계에 외쳤다. 그에게 꿈의 직장은 종착지가 아니었다.
나의 이야기를 하는 것, 그 자체가 하나의 도달할 수 없는
도착지였던 셈이다. 도달할 수 없는 도착지, 나를 향해
달려가려는 그 동력은 어디에서 나오는 걸까. 에릭 오를
김혜림이 인터뷰하고 썼다.

픽사는 화려한 이력이다. 처음 픽사에 입사했을 때는
어떤 기분이었나?

인턴으로 먼저 픽사에 입사했다. 인턴십 경쟁이 워낙 치열해
처음에는 입사 제안을 받지 못했는데, 그로부터 두 달 뒤에
연락이 왔다. 작업하는 동안 잠재력을 봤다고 하면서 함께
작업하자고 하더라. 너무 좋았다. 들뜬 마음으로 입사했던 것
같다. 애니메이션을 하고 싶다는 꿈을 꾼다면 막연히 디즈니,
지브리, 픽사에서 일하는 미래를 그리지 않나. 특히 내가
입사했을 때인 10여 년 전만 해도 콘텐츠를 소비하는 행태나
분위기가 픽사를 '넘을 수 없는 브랜드'로 만들고 있었다.
그래서 더더욱 좋았고, 또 치열했다.

픽사 입사 전후를 비교했을 때 가장 크게 달라진 점이
있다면 무엇인가?

픽사 같은 규모로 작품을 만드는 회사가 많지 않다. 3D
애니메이션을 시스템화한 최초의 회사라고 할 수 있다.
그런 파이어니어의 기업에서 한 편의 작품이 만들어지는
과정을 경험하며 많은 걸 배웠다. 사람들과 소통하고, 원하는

방향으로 설득시키는 방법, 또 내가 가진 의사를 올바르게
전달하고 수용하는 법과 같은 커뮤니케이션 분야에서의
발전이 컸다. 600명 정도의 인원이 군대처럼 한 편의 작품을
만들기 때문이다.

애니메이터 에릭 오

그럼에도 유지했던 것은 무엇인가?

나라는 사람 자체는 변하지 않더라. 나에게 픽사는 애초부터
종착점이 아니었다. 분명 꿈의 일부이기는 했지만, 결국 내
작품을 만드는 게 목표였다. 픽사는 나에게 학교에 가까웠다.

나를 유지하고 내 작품을 만들겠다는 꿈을 유지할 수
있었던 동력은 무엇이었나?

예술하는 사람을 바라보는 기준에는 몇 가지가 있다고
생각한다. 글을 쓰고, 음악을 만드는 장인도 예술을 하는
사람이겠지만, 좁은 의미에서는 자기 안에서 끓어오르는
것이 있는 사람이 예술가가 아닐까. 1200여 명 정도 되는
픽사 직원의 대다수는 장인에 가까운 이들이었다. 무언가를
만들고, 만지는 과정 자체가 즐거운 것이다. 나의 경우에는
출발점부터 내 이야기를 해야겠다는 에너지가 있었다. 이
에너지는 결국 예술보다는 삶에서 나온다. 내 안의 결핍이나
긍정, 부정적인 감정의 스펙트럼에서 오는 것 같다.

처음에는 나의 것을 만들고 싶다는 동력이 있다고
하더라도 시간이 가며 그를 잊는 경우가 많다. 끝까지
유지할 수 있었던 힘에 대해 더 자세히 듣고 싶다.

나는 땔감이라는 표현을 쓴다. 어느 선까지 사용하던
땔감과 성숙한 다음에 사용하는 땔감이 다른 것 같다. 30대
초반까지만 해도 내 안에 있는 여러 감정을 토해내는 게 너무

119

간절했다. 어릴 때부터 말도 잘 못 하고, 여린 아이로 태어나서
혼자만의 세계관이 너무 컸던 탓이다. 그렇게 소심한
주제에 내 마음에 있는 세계를 표현하고자 하는 욕망은
컸다. 그런데 나만을 바라보는 그 땔감만으로는 계속 갈 수
없었다. 그때쯤에 사회가 보이고, 세상이 보였다. 내 개인에서
벗어나서 내가 속한 사회와 자연, 환경과 우주, 다른 인간이
보이더라. 이때 조금 더 성숙한 관점의 연료를 찾았던 것 같다.
세상에 안 좋은 사건이 터질 때마다 거기서 나오는 무력함과
감정을 풀어내야겠다고 생각했다. 이번 미디어 전시에서도
선보일 〈오페라〉의 동력도 마찬가지였다. 포기하고 싶을
때마다 세상에 사건이 일어나더라. 사회가 밝았다면
〈오페라〉를 만들지 않았을 것 같다.

나에 대한 이야기에서 사회에 대한 이야기로 초점을
바꾼 것으로 들린다. 변화의 이유나 계기가 있었나?

자연스러웠다. 아티스트가 아닌 한 인간으로서도 성숙해 가는
여정이었다고 생각한다. 예술가의 경우가 더 돋보이는 건,
예술가는 자신의 이야기를 하는 과정이 작품으로 기록되기
때문이 아닐까. 초점의 변화는 그저 조금씩 세상을 배워 가는

과정이라는 생각이다. 나에 대해 더 잘 알고, 나의 욕구나
감정도 충족이 되니 사회로 시선을 돌릴 수 있었다.

〈오페라〉의 경우에는 어땠나?

〈오페라〉야말로 내 시선이 밖으로 열린 출발점에 선
애니메이션이다. 〈오페라〉는 시선이 바깥으로 가는 관찰자가
아닌, 그 안에 객관적 렌즈를 가져다 대려고 했다. 역사와
문명의 사이클, 사회 구조와 메커니즘에 대해 시적으로
묘사하려 한 작품이다. 이 안에 인문학이나 역사, 사회학,
과학이나 철학, 종교까지도 평소에 갖고 있던 시선을
총집합했다. 어찌 됐든 내가 만든 작품이지만 어떤 감정도
넣지 않고 드라이한 시선으로 그려내려 노력했다.

상영 버전과 전시 버전이 조금 다르다고 들었다.

상영 버전에서는 러닝 타임이 필요해서 점차 앵글이 커지는
형식을 택해 약간의 기승전결을 넣었다. 전시 버전에서는
사회 구조를 의미하는 삼각형이 통으로 주어진다. 내 눈이
렌즈가 되어 이곳저곳을 살피라는 의미였다. 작품을 만들

때 작품의 형식을 그 주제에서 그대로 영감을 받는 경우가
많다. 어떤 이야기든 그에 알맞은 형식이 있다고 생각하기
때문이다.

〈오페라〉에 알맞은 형식은 무엇이라 봤나?

〈오페라〉는 처음부터 두 가지 키워드, 역사와 사회를
표현하려 했다. 역사는 시간성이지 않나. 시간성이라는 데는
끝이 없다. 기승전결도 없고, 무한히 밤낮이 끝없이 흘러가는
게 바로 시간이다. 사회라는 것도 순서대로 일이 생기는 게
아니라 동시다발적으로 모든 것이 연결돼 있다. 그 둘의
주제를 표현하려다 보니 관객의 눈을 렌즈로 삼는 형식을
자연스레 택하게 됐다.

애니메이터로서 기업에 소속돼 일하는 것과 혼자서
작업하는 것 사이에 차이가 있다면?

자신의 성향에 맞는 세계는 다 있다고 생각한다. 완벽한
자유가 주어졌을 때 공포에 떠는 사람이 있는가 하면 그렇지
않은 사람이 있는 것처럼 말이다. 직장, 특히 대기업은

절대적인 안정감이 엄청난 강점이다. 픽사라는 회사 자체의
인지도와 에너지가 너무 좋으니까 소속만으로도 어디에서나
환영받았던 것 같다. 단점은 조직 생활이다. 어찌 됐든
회사원이니 자유도 있게 일을 처리하기보다는 팀 안에서
수행해야 하는 역할에 더 초점을 맞춰야 한다. 그 장점보다는
단점을 더 크게 느꼈다.

　　　직장에는 팀원이 있다. 팀원으로부터 얻는 동력과
　　　인사이트도 적지 않을 것 같은데, 혼자서 이를 어떻게
　　　보충해 나갔나?

애니메이션이나 영화라는 작업 자체가 필연적으로 혼자
하는 일, 또 여럿이 함께해야 하는 작업으로 나뉜다. 시나리오
쓰는 과정에서는 동굴 안에서 혼자 있을 수밖에 없다. 그런데
시나리오가 완성되는 순간부터 현장에서 배우들과 어울리고,
때로는 영업 사원이 돼야 한다. 혼자서 작업할 때는 이 둘의
균형을 맞추는 데 더 집중했던 것 같다.

가장 자기다운 작품을 만들기 위해 필요한 건
무엇일까?

자신만의 오리지널리티를 찾는 게 중요하다. 최근에는
플랫폼이 발달하면서 자신을 드러낼 기회가 무수히 많아졌다.
쉽게 말해 '힙스터'인 척하기가 너무 쉬운 시대가 된 건데,
그렇게 트렌드만 좇다 보면 자기 자신까지도 속이게 되기
쉽다. 자신의 작품을 만들고자 하는 사람은 어느 흐름에
휩쓸리지 않는다. 조용히 자신의 내면에서 끌어나오는
아이디어를 기록하면서 그를 어느 순간 작품으로 풀어낸다.
자신과의 끈질긴 싸움이라고 표현할 수 있다. 이런 노력
없이는 모든 사람이 이해하고 감동할 수 있는 작품이 나오지
못하는 것 같다.

제주에서 미디어 체험전 상설 전시를 열게 됐다. 이번
전시 개최가 개인적으로 갖는 의미는 어떤가?

아주 큰 의미다. 나는 좋게 말하면 전방위적인 사람이다.
시작은 회화였고, 픽사에서 일하다가 나와서 애니메이션을
만들어 왔다. VR 작품도 만들고, 넷플릭스 서사 애니도 만든

경험이 있다. 그런 점에서 나는 벽을 안 보는 사람이라고
생각한다. 벽과 경계 없이 돌아다니는 경험을 표현하는
전시다. 공간만으로 압도하는 전시도 아니다. 굉장히 세밀한
내러티브가 들어가 있어서 계속 발견할 수 있는 요소들이
많다. 관객이 주체적으로 볼 수 있고, 또 벽을 넘나들 수 있는
전시가 될 것 같다.

　　　다음 계획이 궁금하다.

차기작 준비를 하고 있다. 이제는 내러티브 장편
애니메이션을 만들기 위해 시나리오 작업을 하는 단계다.
전시를 통해 나의 관점을 전방위적으로 풀었다면, 이제는
인물을 따라가는 영화적 서사를 구현해 보려 한다. 물론 그
안에도 사회적 시선이 녹아 있을 것이다.

마치며

프랑스는 오랫동안 와인의 중심지였다. 그 맛과 향은
자부심이 되었고 규칙이 되었고 법제가 되었다. 하지만
전통이란 언젠가는 구태가 되는 법이다. 클래식을 전복하는
비주류가 받아들여지는 순간이 전통의 정의를 새로 쓰는
때다. 와인은 지금 그 시기를 지나고 있다. 자연 그대로의
맛을 살리는 데에 집중하는 내추럴 와인은, 단순한 유행이
아니라 와인 산업 자체에 대한 반항이다. 취향이 맛과 향을
넘어 생산의 과정, 만드는 사람의 철학을 포섭하는 시대다.
저서 《미식 예찬》으로 알려진 프랑스의 미식 철학자 장
앙텔름 브리야사바랭(Jean Anthelme Brillat-Savarin)은
"그대 무엇을 먹는지 말하라. 그러면 나는 그대가 누군지
말해 보겠다"라고 적었다. 지금은 그 이상이다. 우리의 취향이
우리의 세계를 만든다.